筑前竹槍一揆研究ノート

筑前竹槍一揆研究ノート

石瀧豊美
Ishitaki Toyomi

花乱社選書 2
KARANSHA

まえがき

私の母方の曾祖父石井縫之助は筑前竹槍一揆の参加者の一人だ。法務省所蔵の「福岡騒擾一件」に名前を見出して驚いたものだ。明治六年（一八七三）六月の筑前竹槍一揆では、被処罰者およそ六万四〇〇〇人の名前が「福岡騒擾一件」に記録されている。曾祖父はその一人にすぎない。筑前一国一五郡と城下町福岡・博多のすべてが一揆の参加者を出した。室町時代研究の概念を借りれば「国一揆」ということになる。明治初年では最大規模の一揆であることはまちがいない。

ひとつの史料を紹介しよう。

　第一千二百九十八号

　　第一丁卯《ていぼう》艦出張先ヨリ福岡表ヘ廻艦之義ニ付御届

第一丁卯艦　並《ならびに》大阪丸ノ両艘、琉球国為二測量一《そくりようのため》差回候義ハ兼テ御届申出置候通ニ候処、同国測量相済、帰帆掛長崎港ヘ碇泊之折柄、福岡県一揆不二容易一《よういならざる》勢ト承知致候由ニ而《て》、同所出張石井少丞申談、丁卯艦回艦之義、別紙写之通相達候旨ヲ以テ、柳大佐ヨリ届越候ニ付テハ、早速開帆可レ為レ致《いたさすべき》旨、急飛申遣置候得共《そうらえども》、不二取敢一《とりあえず》此段御届　仕《つかまつり》　候也。

　　明治六年七月七日　　　　　　海軍大輔　勝　安房《あわ》

太政大臣　三條実美殿

（別紙）

第一丁卯艦

筑前国百姓蜂起、追々猖獗《しょうけつ》之趣ニ付、為㆓斥候㆒《せっこうとして》福岡表ヘ回艦中付候。尤達港之上ハ候船操出《くりだ》シ、事実探索、万一容易ニ掃攘難㆑致躰《いたしがたきてい》ニ候得《そうらえ》ハ、速ニ馬関ニ相回リ、本省ヘ電通可㆑致《いたすべし》。尚又賊徒発砲等致候様之義ニ候得ハ、臨機之処置可㆑致候得共、猥《みだり》ニ郷里ヲ煽動シ、無罪ノ人民ヲ損傷不㆑致《いたさざる》様注意可㆑致。此旨相達候也。

六月廿七日　　柳海軍大佐

注：勝安房は勝海舟のこと。　（JACAR【アジア歴史資料センター】Ref.C09112088200、公文類纂 明治六年　巻三四　本省公文　変災部〈防衛省防衛研究所〉）

海軍は筑前竹槍一揆探索のため長崎港に停泊していた軍艦一隻を派遣し、万一の場合は「臨機の処置」を認めた。現場の判断で武力による鎮圧も可能としたのだ。はむかう者と善良な者とを区別せよ、と付け加えてはいるが。

このように、筑前竹槍一揆が国家的レベルでの大事件であったことは動かしがたい事実である。しかし、多くの人はそのことを知るまい。筑前竹槍一揆は被差別部落の焼打ちをともなっていた。それならなおさら特筆されるべきだと思うのだが、部落問題に関係するが故に意図的に隠蔽されてきた、あるいは研究者も見て見ぬ振りをしてきた、とは言えるだろう。私自身、かつては筑前竹槍一揆の存在を知らず、ましてや曾祖父がこれに参加していることなど知る由もなかった。

私が筑前竹槍一揆について最初の論文を発表したのは一九八五年と八六年のことだ（『部落解放史・ふくおか』第三九、四一号）。少しずつ研究に取りかかったのが八四年のことだった。私の著作で筑前竹槍一揆を主題とした単行本としては次の二冊がある。

上杉聰・石瀧豊美『筑前竹槍一揆論』海鳥社、一九八八年七月

石瀧豊美『筑前竹槍一揆の研究』イシタキ人権学研究所、二〇〇四年一〇月

今ではいずれも絶版となった。「筑前竹槍一揆」をタイトルとする単行本で現在入手可能なものは全くない。今でも『筑前竹槍一揆の研究』を求める声があることから、同書の新装版として本書を刊行することにした。

筑前竹槍一揆については、私が加わった市史・町史編纂の折に、対象となる地域に即して何らかの形で触れている。そこで、本書では市史・町史に私が書いた文章を新たに三点収録することにした。本書と『筑前竹槍一揆の研究』の内容の異同を示しておこう（○印は本書に再録の分）。

『筑前竹槍一揆の研究』

○・廃藩置県と福岡　明治初年の藩政改革を中心に
○・福岡県における「解放令」布達をめぐって
・筑前竹槍一揆と「解放令」
・「解放令」反対一揆における民衆意識をめぐって
　筑前竹槍一揆を例に
○・筑前竹槍一揆『筑紫野市史』から

『筑前竹槍一揆研究ノート』

・筑前竹槍一揆『大野城市史』から
・筑前竹槍一揆『太宰府市史』から
・筑前竹槍一揆とその影響『新修志摩町史』から

本書に収録した論文などは基本的に初出の形を変えていない。ただ、数字の表記などは統一を図った。また、図表はダブらないように整理し、表の形式を統一した。市史・町史には総論的部分と各論的部分があり、総論

的部分は特に筑紫野市・大野城市・太宰府市のいずれもが旧御笠郡であったことから、引用史料に重出が多くなった。さらにそれぞれの編集方針とも関係して、史料原文に句読点や返り点を付ける、漢文体の部分を書き下しにする、カタカナをひらがなにする、ルビを付けるなど、不統一がある。このため表記を統一するとともに、重出をできるだけ避け、【】で前出箇所参照を指示するようにした。ただし、書き下しもルビも、読みやすさに配慮したものなので、先の引用でもそうだが、旧仮名遣いではなく新仮名遣いに拠っていることをお断りしておく。なお、明らかな誤りは正した。写真は初出と関係なく新たに入れ直した。

筑前竹槍一揆の研究はいまだに端緒を付けることができたという程度の段階でしかない。被処罰者だけでも六万四〇〇〇人近くにのぼり（実際の参加者はこれより多い）、筑前全域が関係している。公文書と私文書であるとを問わず、関係史料は膨大な量に及び、まだ知られていない史料、公開されていない史料も多いと見込まれる。本書は今後も息長く続けられるであろう研究にささやかな礎石を置いたにすぎない。

著　者

【初出一覧】

筑前竹槍一揆と「解放令」　▼『部落解放史・ふくおか』第四一号、福岡部落史研究会、一九八六年三月

「解放令」反対一揆における民衆意識をめぐって――筑前竹槍一揆を例に　▼『部落解放研究』第五六号、部落解放研究所、一九八七年六月

筑前竹槍一揆　『筑紫野市史』から▼『筑紫野市史』下巻、一九九九年三月

筑前竹槍一揆　『大野城市史』から▼『大野城市史』下巻、二〇〇四年三月

筑前竹槍一揆　『太宰府市史』から▼『太宰府市史』通史編Ⅲ、二〇〇四年九月

筑前竹槍一揆とその影響　『新修志摩町史』から▼『新修志摩町史』上巻、二〇〇九年三月

＊糸島郡志摩町は前原市・二丈町と合併して、二〇一〇年一月一日より糸島市となった。

筑前竹槍一揆研究ノート❖目次

まえがき……3

I

筑前竹槍一揆と「解放令」……12
一　はじめに……12
二　「解放令」布達と民衆の動向……15
三　部落はなぜ焼かれたか……36
四　明治初年の社会運動の流れの中で……50

「解放令」反対一揆における民衆意識をめぐって　筑前竹槍一揆を例に……60
一　はじめに……60
二　「世直し一揆」説の論理を疑う……62
三　旧藩主へのラブコール……71
四　廃藩置県後の年貢サボ……74
五　おわりに――新政反対の評価……83

II

筑前竹槍一揆 『筑紫野市史』から …… 89
筑前竹槍一揆 『大野城市史』から …… 114
筑前竹槍一揆 『太宰府市史』から …… 122
筑前竹槍一揆とその影響 『新修志摩町史』から …… 135

【掲載表一覧】

表1　一揆による被災状況 ……………………………………………29
表2　一揆被災者への救助金支給(1)……………………………………34
表3　一揆被災者への救助金支給(2)……………………………………35
表4　一揆参加者の処罰(1)………………………………………………35
表5　一揆参加者の処罰(2)………………………………………………35
表6　筑前竹槍一揆の要求の整理 ……………………………………67
表7　杖70の処分を受けた者［筑紫野市］ ……………………………95
表8　竹槍一揆郡別参加状況……………………………………………97
表9　筑前竹槍一揆村別随行者数（第12大区／御笠郡）………………98
表10　筑前竹槍一揆年齢別参加状況（附和随行）［筑紫野市］…………99
表11　村別・年齢別参加者数（附和随行）［大野城市］………………121
表12　村別・年齢別参加者数（附和随行）［太宰府市］………………129
表13　筑前竹槍一揆年齢別参加状況（附和随行）［糸島郡志摩町］……157

I

筑前竹槍一揆と「解放令」

一　はじめに

筑前竹槍一揆をどう見るか

明治六年六月の大旱魃を背景に、嘉麻郡の一角に起こった農民一揆は、たちまち筑前全域へと広がり、一部は筑後地方をもまきこみつつ、一揆参加人員は三〇万人[1]（あるいは一〇万）と言われ、福岡県庁焼打ち[2]にまで発展する空前の大一揆となった。いわゆる筑前竹槍一揆[3]である。

一揆はその要求の一つに「解放令」反対を掲げ、一揆の過程で被差別部落の二〇〇〇戸以上の家屋を焼き払った。これらの事実は、つとに江島茂逸、伊東尾四郎により記録されていたが、その後の研究では、「解放令」反対は農民固有の要求ではないとして、一揆に個々に参加した在村の士族や、鎮圧に名を借りて扇動に走った士族層が自己の要求をまぎれ込ませたものとされるに至った。今ではこれがほぼ定説化している。

また部落焼打ちについても、士族の扇動であるとか、部落であると知らずに焼いたのだとか、被差別部落民と一揆参加農民とのゆき違いから発生した偶発的な事件であるとか、事実に立脚しない主観的解釈に走っていたのが実情である。要は「被支配階級に属する農民が同じく虐げられてきた部落を襲うはずがない」という〃思い入れ〃が根底にあるのであろう。

しかし、事実はそうではない。私見では、「解放令」後の被差別部落民の積極的な行動が一般民衆の目に傲慢と映り、次第に発火点に達して、一気に爆発したのが竹槍一揆であった。例えば六月二〇日の博多近傍での部落焼打ちを目のあたりにしたある老人は、その日の日記に、部落民の平民化の行動に「皆人深ク相悪《にく》ミ居リ」、そのためこのたびの一揆では「穢多村ハ悉皆《しっかい》焼尽シ候含成ル由」と書き記しているが、一揆の共通認識として部落襲撃の意図があった点は見のがせない。

私は当初、「解放令」反対は一揆のもろもろの要求の一つにすぎないと考えた。竹槍一揆は「新政反対一揆」の範疇《はんちゅう》に属するもので、部落襲撃も偶発的、あるいは一部のゆきすぎという定説に従う形で見ていた。しかし、史料の収集を進め、事実関係を見ていくと、「解放令」反対は一揆参加者の意識と行動を大きく規制する働きを演じたと見なさざるを得ない。

したがって、筑前竹槍一揆の本質的評価という意味では、「解放令」反対の要求・行動を軸として考察すべきだということになろう。上杉聰[4]氏も指摘しているように、筑前竹槍一揆ははっきりと「解放令」反対一揆として定義しなければならないのである。

研究史への疑問

ところが、「解放令」反対一揆という観点から研究史をながめる時、従来の研究には満腔の不満を持つ。

つまり、民衆史の立場から筑前竹槍一揆の研究にたずさわる研究者は、当然ながら一揆の持つ権力への抵抗の姿、大衆性、戦闘性といったものへの共感がモチーフにあったはずである。ところが、「解放令」反対一揆にあっては、皮肉な言い方をすれば、大衆的に、戦闘的に部落を襲っているのであり、権力への抵抗というかたちで、「解放令」の撤回を迫る。ここでは、大衆的＝進歩的という図式は通用しない。そのような図式を排するところから、筑前竹槍一揆の研究はスタートしなければならないと言うべきだろう。〝民衆〟が、それ自体として厳然として持つ差別性――というものを直視すべきなのである。

そこで、従来の研究史において、あっさりと、事実の検証を抜きにしたまま解釈されてきた点、見過ごされてきた点を、いくつか疑問符をうって提示してみよう。これらの疑問点に答えることを本稿の目的とする。したがって筑前竹槍一揆の全般的検討を目ざしたものではないことをあらかじめことわっておきたい。研究の礎石を置くことを目ざしたものである。

私が疑問とするのは、一つには、一揆の行動の内、民衆史の立場（観点）とあいいれないものについて、それを士族の責めに負わせてきた点である。事実認識への疑問である。

研究史への疑問①

・要求書は士族がまとめたものか？
・要求箇条中に士族固有の要求を含むか？
・要求箇条中の「解放令」反対項目は農民の要求ではないと断定してよいか？
・一揆過程での部落焼打ちは士族の扇動によるか？
・あるいは、農民の行為と認めたとして、それは果たして偶発的なものだろうか？

もう一つは、竹槍一揆研究をめぐるそもその方法論上の問題であるが、竹槍一揆が「解放令」の撤回を要求として掲げている以上、「解放令」の公布、実施過程の考察を抜きにして、竹槍一揆の全過程のみを研究の対象としても十分に成果があがらないのではなかろうか。それどころか、「解放令」を視野に入れないでは、農民側の論理を見ることができず、結論を誤るおそれすらあろう。

研究史への疑問②

・竹槍一揆の研究が「解放令」研究と結びついていなかったこと。
→資料発掘の状況、研究史の発展段階からして、ある意味では止むを得ない。

↓しかし、一揆要求中の「解放令」反対を、農民の要求であるはずがないとして、[5]一顧だに与えなかったこと。また、部落焼打ちを一揆の必然的な帰結として認めなかったこと（農民層以外による扇動、もしくは偶発的事件として解決しようとした）――こうした研究者の態度が、「解放令」と一揆との内的関連の検討へと向かわせなかったと言える。

本稿のテーマは、まさに右に述べた「解放令」受容をめぐる民衆の動向が、いかに筑前竹槍一揆へと結びついていくか、その過程（内発的、論理的、必然的な展開過程）を見きわめることにある。

二　「解放令」布達と民衆の動向

明治初年の福岡県の一揆

現行の福岡県域における明治初年（一〇年まで）の農民一揆で、現在確認できるものを年代順に並べると、次の通りである（ただし、引用史料の性格から、一部は一揆まで至らない騒擾《そうじょう》を含む）。

○印は『明治初年農民騒擾録』所載

明治二年（旧暦）一一月一七日（（新暦）一八六九・一二・一九）

○企救《きく》郡一揆（豊前、当時長州藩支配）

　庄屋不正反対、一万二〇〇〇（あるいは一万五〇〇〇）参加

　紋罪一、他に流罪以下一三名

同　三年一二月一三日（一八七一・二・二）

怡土《いと》郡中津領一揆（筑前における中津藩飛地）

借財長年賦要求
徒三年一、徒二年一、他に代官以下三名の藩役人（在地）が禁固一年
※代官もなれあいの上で、本藩への要求伝達の手段として、農民がみの笠をつけて結集、代官が要求を聴き取り、説諭して平穏裡に解散した（「旧中津県刑賞之部」、「福岡県史稿刑賞十四」二九四丁以下――福岡県立図書館蔵による）。中津領は怡土郡の内二八カ村。＊詳細は本書一三五頁以下参照。

同　**四年九月一九日**〔一八七一・一一・一〕
田川郡一揆（豊前、豊津県）
旧藩主上京を見送りに行った農民が帰途、米価下落・諸物価高騰・庄屋不正等を理由に一揆を起した。

同　**五年五月六～一一日**〔一八七二・六・一一～一六〕
○三潴《みずま》県一揆（筑後）
旧柳河藩札価格復旧要求、数百人参加。

同　**六年三月三〇日**〔一八七三〕（新暦）
下座《げざ》郡一般動揺（筑前、福岡県）
徴兵令を誤解す（『加藤田日記』）――後出。

同　**六年四月一九日**
○怡土郡農民騒擾(6)（筑前、福岡県）
徴兵令を誤解し動揺す。ついで鎮定す。

同　**六年六月一六～二五日頃**
○筑前竹槍一揆（――後出）
参加農民三〇万と言われる。

同　六年七月一日

○上妻郡鵜ノ池・前古賀両村等騒擾（三潴県）

田方水論から打ちこわしに発展、百五十余人参加。

同　八年一月

○三池郡宮部村外二四カ村騒擾（三潴県）

貯穀借用返済方延期要求、戸長不正反対で集会。

この時期は、全国的にも一揆が多発したことが知られているが、一般的には幕末期の「世直し一揆」に対して、明治初年の一揆は「新政反対一揆」として把えられる。一揆の要求が明治政府の進める文明開化政策への不満・反対を基軸としていることによる。右にあげたうちでも、旧藩主上京反対・徴兵令反対などがそれに当たるし、旧藩札をめぐる紛争もこれに含めることができよう。

ただし、これらの一揆の内でも、「解放令」反対を掲げ、部落を襲って焼打ちにまで至った、いわゆる「解放令」反対一揆に属するものは、福岡県では筑前竹槍一揆の一例のみである。

「解放令」反対一揆は、「新政反対一揆」の特別なものと見ることができるが、右にあげたように下座郡・怡土郡においては徴兵令をめぐる農民の動揺が記録されている。いずれも竹槍一揆直前の出来事だけに、農民をめぐる不安定な状況をうかがわせている。「新政反対一揆」と「解放令」反対一揆は、基本的には同一の社会不安のもとで発生したものである。そこにある条件が加わった時、「新政反対一揆」は「解放令」反対一揆となると考えられる。[7]

徴兵令を誤解した農民の動揺

徴兵令と竹槍一揆の関連については言及されることがないが、農民に不安・動揺をもたらしたという意味で、もっと考慮を払うべきかと思われる。ここに掲げるのは一揆の前史における血税騒動の記事。

明治六年三月三〇日

〔史料①〕

……筑前下座郡一般動揺ノ飛報有之候ニ付、今日午前十時頃ヨリ中田久米八出張、動揺ノ趣意ハ今般各県四民二拾歳以上兵隊ニ被定候ニ付、二拾歳以上書出シ候様布令有之候処、如何ナル者流言致候カ、今年廿歳ノ者ハ耶蘇宗ニ被入、生胆ヲ被採候ト申触候故、左様ノ儀ニ候ハヽ《そうらわば》、壱人も差出不申、若《もし》兵隊等ニ差向候ハ、家ニ火ヲ懸ケ、夫《それ》ヲ合図ニ家内全打死ト覚悟致、コレニ対シ村村《ママ》ノ戸長等説諭致候ヘ共、役人中全被瞞候迚《とて》承知不致、官員ヨリ追々申諭シ候ニ付漸ク鎮静ニ相成候由、秋月ノ保々五郎ヨリ伝聞。

（『加藤田日記』加藤田平八郎著[8]、久留米郷土研究会編・発行、昭和五四年一二月一日）

〔参考〕

……嘉麻・穂波両郡ヲ始沸騰致シ、遂ニ挙国（筑前竹槍一揆）ノ動揺ト相成候由、別紙之通、第八大区（大分県）戸・保長ゟ《より》届出申候、尤第八大区三小区ハ、同県（福岡県）所轄ト犬牙交錯、徴兵令血税[9]之義ニ付而モ浮説伝幡、人心恟々、過日巡回之節モ、小動揺致候ニ付、説諭相加ヘ、終ニ暴挙ニハ不相成候段……

（「公文録」、原田伴彦・上杉聰編『近代部落史資料集成』第二巻「『解放令』反対一揆」、五七一頁）

明治六年三月、下座郡では徴兵令にともなうデマ——キリスト教の強制・生きぎもをとられる——が農民をおびやかし、徴兵適格者名簿の作成指示にすら抵抗し、もし徴兵するなら「家内全（員の）打死」まで覚悟したというから、大変な事件である。いわゆる「血税騒動」の一変形であり、明治政府の急激な欧化政策が農民の意識にえたいのしれない不安となっておしかぶさっている様がうかがわれよう。

参考として掲げたのは、筑前竹槍一揆の勃発を大分県権令《ごんれい》から太政大臣三条実美へ報じた文書（六月二六日付）だが、竹槍一揆直前に、福岡県から大分県へ「徴兵令血税」の浮説が伝わり「小動揺」と見える。筑前竹槍一揆そのものは徴兵令反対を掲げているわけではないが、徴兵令が農民に一方的な負担を強制したこと、それが「西洋化」の一環として農民にイデオロギー的な意味での恐怖感を与えたことを思えば、こうした事実は、筑前竹槍一揆へ向けての一般的な不安状況を作りあげていく上で、無視できない役割を果したと思われる。

筑前竹槍一揆の発端

明治六年の九州北部は大旱魃に見舞われた。田植えのできない農民は雨乞いに頼るほかなかった[10]。

六月一三日、筑前嘉麻郡高倉村日吉神社[11]に集まった農民は、近くの金国山《かなくにやま》山頂で米相場を操作するためにのろしをあげる目取りに憤激、代表を送って交渉することになった（相場連絡ののろしがあげられなくなることを恐れたものか、もしくは米相場の高騰をねらってのことだろうが、一説には、目取り側では農民とは逆に雨止祈禱を行っていて、それが農民の怒りをかったという。――『加藤田日記』明治六年六月一九日条）。

六月一四日、目取りに抗議するため豊前田川郡猪膝村におもむいた一行は乱闘となり、十数名が猪膝村に捕われの身となった。

仲間たちを救出のため、嘉麻郡筒野村の医者淵上琢璋は回状を作成、郡内二七カ村に触れて、一五〜六〇歳の男子の結集を促した。――明確な決起の意思表示があるわけではないが、この回状を発した時点で、一揆の条件は整ったと言える。回状を受け取った村々では竹槍を準備した。

一五日、嘉麻郡の一揆勢は、猪膝を目ざして出発、すでに仲間が釈放されていることも知らず（知った上で

——との説もある）、翌一六日猪膝村の富商宅などを打ちこわした。これを発端に、筑前一円を巻きこみ、参加人員三〇万（あるいは一〇万）とも言われ、福岡県庁焼打ちにまで発展した竹槍一揆（～二五日頃終息）が起きるのである。

「解放令」から竹槍一揆への道程

以下、「解放令」施行から筑前竹槍一揆勃発へ至る過程を、「解放令」をめぐる民衆の動向という観点から日を追ってたどってみたい。

明治四年

九月一五日　福岡県知事有栖川宮熾仁《たるひと》が、東京出張県庁から送られてきた「解放令」を入手(12)（『熾仁親王日記』）。

九月二九日　福岡県治農懸《かかり》が、鞍手郡大庄屋中に対し、公役《くやく》（諸普請出夫）に際しては、皮多・寺中《じちゅう》は「平民と不二入交一様、弁別相立可レ申候」と指示(13)。皮多は穢多と同義。寺中は歌舞伎役者とその家族で、福岡藩では法的に被差別身分に位置づけられていた。

一〇月一四日（推定。あるいは一三日か）福岡県が「解放令」を一般に伝達(14)。

一〇月二一日　「解放令」に反発した風呂屋・髪結仲間が申し合わせ。風呂屋は町内の者だけ、髪結はなじみ客だけをとって、部落民を排除しようとする。一方、部落側の賤業拒否の姿勢が顕在化。

〔史料②〕

……如何成《いかなる》御趣意ニ哉、穢多共、非人共悉ク平人《ママ》ニ被二仰付一候。依而風呂入・髪結ニ穢多共入込来候故、風呂屋・髪結ノ渡世方ニ差支不二大方一《おおかたならず》難儀也。故ニ風呂ハ其丁《(町)》内ノ者限リ、他向ノ者ハ不レ入、髪結□凡《およそ》同断、顔ヲ不レ知者ノ髪ハ不レ結処ニ中(仲)間中申合ト成ル。頓而《やがて》町々一町江一軒充《ずつ》家作シ住居ニ成ル、或ハ縁組等モ致ス抔《など》、此他様々色々ノ風説ハ中々記ニ不レ遑《いとまあらず》。寔《まこと》ニ神武来ノ変事也。右ノ通リ穢多共操(繰)上リ候ゟ《より》緒替ニ来ル奴更ニ無レ之、差当リ諸人ノ迷惑也。……

（「横田徐翁日記」[15]）

解説　「解放令」にともなう〝平民化〟を、「平人《へいにん》」に「繰上がった」と表現しているのは、当時の認識としては一般的であり、「社会外」に位置づけられてきた賤民が「社会内」に編入されたと受けとめられたのである。はき物の「緒替」に巡る人々の姿がぷっつりと絶え、他方、それまで禁ぜられていた風呂屋・髪結に堂々と客となるなど、かつて穢多・非人に属した人々の平民化要求の行動が活発になる。

これに対し、客が逃げることを心配した風呂屋は町内の者だけを客とし、髪結は顔見知りの者だけを客とすると業者間で申し合わせ、暗に被差別民を排除する姿勢をとった。差別は陰湿化したと言うことができる。

〝町内〟という言葉から、これは博多での出来事であることが分かるが、全国各地で同様の事態が起こった。いくつかを次に掲げてみる。

（参考）

①穢多平民ト為ルノ御布令アリシヨリ、料理屋風呂屋髪結所等ヘ行ケルニ、農商等之ヲ嫌ヒ行カサルニ付、料理屋等商売替セサレハ活計成カタシトテ甚タ困ルヨシ。既ニ備前岡山ハ風呂屋ヲ町内風呂ト称ヘ木札ヲ与ヘ置キ、是ヲ証トシテ浴セシム、木札ナキモノ行ケハ町内風呂ナリトテ断ルト云フ、此説流布シテ倉敷辺ニモ此事ヲ為スト云々

（「民部省地方巡察復命書」、『近代部落史資料集成』第一巻、七三頁）

②上州辺ニ而ハ銭湯屋・髪結等ハ、穢多共多分参候ニ付相止ミ候中(与申カ)与事ニ候……

（『近代部落史資料集成』第一巻、二一八頁）

③因《ちなみ》ニ云、越中国戸出の事なりし、穢多の湯屋へ来りて浴せむと云しに、湯屋の主云、敢て入湯ならぬとに

はあらず、如何せんそちもし入時は明日より客は来るまじ、さすれば我活計を失ふ、依てそち我等を養ひ呉れば夫にて我の生活出来るなり、何《いずれ》も商業の道なれば誰の入るも同じ事、我をさへ養ひ呉るるに於ては、以来は我檀那となすべし、と云、穢多色をなして云、左様六ケ敷事は聞て由なしとて去し由。

（『開化新聞』一、『近代部落史資料集成』第一巻、二二三頁）

一一月一四日　被差別部落での賤業拒否の申し合わせに、福岡県から布達。従来の職業を恥じるな（「人として各其業ヲ尽スニ、或ハ木履ヲ直シ、或ハ獣皮ヲ扱ふ等、恥とすへき謂《いわれ》なし」）、と。この布達からは賤業拒否そのものの内容（約定）がはっきりしなかったが、(16) 次の史料からその事実が裏づけられる（「法則」という言葉が見える）。

一二月四日

〔史料③〕

……今般穢多・非人共ヲ平民ニ入藉(籍)ト申ニ相成候ゟ、平人一統ノ迷惑不二大方一候。先差当リ風呂屋・髪結・煮売店等也。穢多一人ニ而モ一度入湯シ、一度髪ヲ結候時ハ、平民中其家ニ不二立行一ノ申合ト成候故、湯屋ハ其一町内限リノ風呂屋ト成リ、髪モ旅人ハ勿論惣《すべて》而顔ヲ不レ知者ハ相断ルノ懸《かけ》ヲ表ニ出シ候。依レ之渡世方相減シ至極ノ難渋也。偖又《さてまた》穢多・非人共ハ俄ニ威権ヲ得、下足ノ緒替ヲ止、或ハ乞食ニ不レ出ノ法則ヲ立候由ニ而更ニ不レ来。是迄農業等ノ日雇ニ而生活ヲ立居タル者共モ、食事向ヲ初メ、万事家内同様ノ取扱無レ之ハ来ル間敷抔、此外種々様々ト罵リ力ミ立候ゟ、緒立等ノ事ハ不自由ナレトモ、以来彼共ゟ下足等ヲ求間敷、農業其外ノ事ニモ雇間敷、追々ニハ下作サセ居候田地ヲモ可二引揚一抔、在々ニ而モ内々咄合モ致居候趣ニ候。十一月廿一日ゟ廿八日迄ハ真宗ノ祖師祭ニ而、門徒中寺々江昼夜仏参致シ候ニ、穢多共ハ板張ニ薄縁《うすべり》ヲ敷、平人ニ不レ交仏拝致来候由ノ処、当十一月中何方ノ寺江穢多来リ、当年仏参ノ節ハ私共一統モ同席ニ居リ候而モ宜ニ哉ト尋来候由。住持ゟ、其方共事平人ト成候上ハ尤ノ尋也。然《しかる》ニ寺ト申ハ本堂修理ヲ初、畳替ヘ等ノ事ニ至迄モ一切門徒任せノ事故ニ、我等ハ全ク寺ヲ預リ居候ト申迄ニ而、所詮ハ何事モ門徒中ノ心次第、我等ノ自由ニ而難レ成。且ハ又一派江モ不レ及二相談一而ハ難レ計候。依而其方共モ最寄ノ寺々江聞合候ヘ、何方モ打込同間《うちこみどうま》ト申ニ成候得ハ当寺迚《とて》モ勿論異義無レ之旨答タルヨシ。然ニ其後ハ何共不二申来一、且仏祭中何方ノ寺江モ穢多ハ一人モ不レ来シ由。……

（「横田徐翁日記」）

解説 一〇月二一日記事の詳報。風呂屋・髪結・煮売店が「解放令」の影響をもろに受けたことが分かる。前二者の部落民排除の申し合わせは、平民中が一種の〝不買運動〟に入って、〝客に行かぬ〟と圧力をかけたことを受けたもの。

一方、被差別部落では、一切の賤業拒否、差別待遇の拒否・改善要求の姿勢を打ち出し、「農（商）民一般」対「被差別部落民一般」の対決という局面に入る。非人も乞食に出ず、と非人の対応も明らかである点が注目される。なぜか、斃牛馬《へいぎゅうば》処理に関する動向は、福岡県（当時）では全く史料が見られない。

[17]真宗寺院へも平等な取扱いを要求、待遇改善が見られないとして真宗祖師祭へは部落から一人も出席しなかった（真宗祖師祭は報恩講とか御正忌《みしょうき》とか呼ばれるもの。太陽暦採用以前は毎年一一月二一〜二八日〔忌日〕まで行っていた）。部落側の歩調を合わせた動きは見事である。

明治五年

六月一一日 昨日の出来事として、一二日の日記に記されているもの。堀口村は明治六年当時四百余戸、千七百余[18]人の被差別部落（六百有余戸ともいう）で、石堂川をはさんで博多と相対する位置にあった。また石堂橋は当時の幹線にかかる橋であった。石堂の酒屋が被差別部落民二人に酒を飲ませることを拒否、押し問答の所に折から山笠をかついだ連中が行き合わせ、大勢で二人を酒屋からたたき出した。これをきっかけに部落民三〇〇人程が竹槍や抜身の刀をさげて石堂橋に対峙、博多側も応援がつめかけ、争いになったという。直接の目撃者からのまた聞きが翌日記録されたもので、他史料には見られない貴重な記事である。竹槍一揆を前に一触即発の状況がうかがわれる。また、部落解放運動の萌芽的な動きとしても注目すべきものがある。

〔史料④〕

……昨十一日、石堂ノ酒屋江堀口ノ穢多弐人来リ、角打酒可レ飲《のますべく》申候得共、何ト歟《か》難渋申不レ飲《のませず》候ゟ及二争論一居候処江、流レノ山笠ヲ舁《かき》来リ、右喧嘩ノ事ヲ聞、山ハ居《す》へ置、大勢ノ者共酒屋江這入、右穢多ヲ及二打擲《ちょうちゃく》一候事堀口江聞付、穢多凡三百人計リ石堂橋迄押来候故、博多モ追々多人数ニ成リ、橋ニ而戦候由。然共穢多共ハ各竹鎗ヲ持、或ハ刀ヲ抜持候奴モ候故、一反《（旦）》ハ博多ノ者其場ヲ引候由。然ニ粋方《すいほう》（＝目明し）共来リ、且盗賊方モ来リ、穢多一人召捕、余ハ逃帰シ歟、又ハ追返シたる歟、先一反其場ハ鎮リ候由。官内（＝町名）・石堂ノ騒動不二大方《おおかたならざり》一シ由。右ハ丹隠居現ニ及レ見ニ成候通ヲ堤隠居咄也。……

（「横田徐翁日記」）

一〇月三〇日　先月二五、六日頃、太宰府天満宮の神官全員が参加して、近くの被差別部落で「同村土地清メ祓《はらい》」を行った（「横田徐翁日記」）。今のところ、清め祓の福岡県での唯一の事例。

明治六年

五月一六日　この頃、新茶屋（現「水茶屋」）で人力車曳と部落民間で争論が起き、部落民四人が入牢（事の是非は明らかでないが、史料④と合わせ考えると、部落民の側が常に一方的に処断されるという、〝差別〟的なあり方がここに示されているのかもしれない）。争論の内容について、あえて想像をめぐらせれば、部落民であることを理由に人力車に乗せることを断ったことが発端で、その抗議行動かと思われる（明治五年三月二八日の日記には、士族の人力車夫が、穢多を客にしたという噂が町の評判になったことが記されている。そういう時代なのである）。なお、新茶屋は当時の遊廓で、堀口村に隣接していた。人力車夫の稼ぎ場所だったはずである。

また、このまま部落民が〝増長〟すると、「いずれ大事件になるぞ」という予測を述べた人のあることが記録されている。

〔史料⑤〕

……頃日松原新茶（屋脱カ）ノ於二近辺一人力車曳ト旧穢多ト争論出来、穢多共手過シ不法ノ働致候ニ付、廻リ方ゟ穢多四人召捕入牢致させ候由也。惣而《すべて》此程ハ穢多甚以相誇リ、毎々過言法外ノ事共致由、言語同断（道）ノ次第也。右等事共追々致二増長一モ候ハ、不レ依レ存《ぞんじよらざる》罪人抔《など》可レ及二出来一哉抔、心有ル人ハ申由。尤成事ト承候也。

（「横田徐翁日記」）

六月一八日　一揆勃発の報ようやく届く（一六日夜の打ちこわしから二日遅れ）。

〔史料⑥〕

……今暮前安平女房（〇、家人の略称）ヲ　江梅実持来遣候而、遠賀・鞍手両郡一揆ヲ発シ、一万人計リ太宰府迄押来リ候由。依而大神正臣（刑法方、旧盗賊改方）ハ出方ニ成候由、相咄居候処江斎藤栄来リ、是モ同様ノ咄ニ而、甘木駅佐野屋ヲ打破リ候由ノ沙汰也ト相咄ス。夕伊助咄ニハ芦屋（遠賀郡）浦抔モ段々打崩シ候由承候との沙汰成由申候也。末何《いず》レ共成候事ニ哉。

（「横田徐翁日記」）

六月二〇日　一揆勢が博多の間近まで押寄せ、被差別部落の辻・堀口の二村を焼く。近辺にはもう一つ、金平《かねひら》村もあるが焼かれなかった。長らく謎とされていたが、(19) これは近くの一般村（馬出村《まいだし》）への延焼を警戒したためと判明。一揆勢が比較的統制のとれた行動をしていることがうかがわれる。

この日の日記で、堀口村・辻村の焼かれた理由が書き記される。筆者が直接の見聞を記したものだけに、この記述を疑う理由はない。すなわち、「解放令」にともなう、部落民の平民化の行動——これこそが被差別部落の焼かれた理由であり、決して偶発的等々の説明ですませられるものではない。

〔史料⑦〕

……夕方堀口・辻ノ火災見ニ行。……偖《さて》一揆ゟ堀口・辻ノ両村焼立ル。右ハ惣而ノ穢多共平人ト為リ候ゟ以ノ外誇轎（驕）リ、従前ノ人ノ上ニ可レ立抔ノ心得致シ、重々以不勘弁ニ有レ之、故ニ皆人深ク相悪《にく》ミ居リ候。夫故《それゆえ》此節穢多村ハ悉皆《しっかい》焼尽シ候含成ル由、専ノ説也。未何ト致候事ニ哉。金平モ今日焼筈ニ候得共同所ハ馬出ニ間近候故無二是非一相止候との由也。……

（「横田徐翁日記」）

六月二一日　津中（博多津中）の混乱、市民の避難騒ぎが記される。空をおおった黒煙は二つの被差別部落が焼かれたもので、目撃者の実感が伝わる。日照りで田植えのできない田んぼは、博多の人々のよき避難場所となった。

〔史料⑧〕

前ニ可レ記ヲ、繁雑ニ取紛レ書落シ候故ニ爰《ここ》ニ記ス。徐（筆者）七半時比《ころ》帰候処、玄関ノ前ニ簞笥様之物、其外風呂敷包抔余分持込有レ之故、何事ニ哉ト内江入見候処、不二見知一老女来リ居候。是則《すなわち》綿勘（綿屋勘次）ノ祖母也。

頓《やがて》而同方ノ家内中、夜ニ入勘次モ来ル。上田(要三郎)ノ家内中、国部ノ娘幷綿屋ノ下男・下女ニ至迄此方《こなた》江宿借リ也。右ハ一揆ゟ今夕博多内ノ中買共不レ残、且平日不仁成豪富共ヲ打破ルとの由ニ而、寔《まこと》ニ津中ノ騒動以ノ外ノ事ニ而、各老幼ヲ助ケ荷物ヲ運ヒ一族知音《ちいん》ノ向々ヲ頼ミ立退逃去リ、辻・堀口ノ黒煙ハ天ヲ覆ヒ、田圃ノ内ハ一面ニ所々方々ニ老少男女打集リ、実ニ鑊《かなえ》ノ沸如成ル有様也。偖《さて》右ノ綿屋ハ此方更ニ不レ知人ニ而候処、上田ノ吹挙ニ而初而来リ候也。五ツ間ニ蚊帳ヲ釣リ兎角シテ夜ヲ明シ候也。ヨ(○)・ヲ(○)ハ右大入込ニ而右往左往。ア(○)・四(○)・省(○)[20]ハ出兵也。此外ノ事々ハ中々以記ニ不レ遑《いとまあらず》。……
（「横田徐翁日記」）

六月二二日　昨二一日、県庁焼かる。早良郡の穢多村が全て焼かれたこと（実際にはわずかに焼打ちを免れたところもある）[21]、一揆に士族が参加していることが記される。「在住ノ士族」とは廃藩後、郡部に居住した士族である。

〔史料⑨〕
今日来ル人、大(大岡七郎)七方ヲ初、綿屋ノ一族、盛松屋幷見廻《みまい》ニ来候輩等数人有レ之候得共正敷不レ覚、依レ之不レ記。且昨今ノ事ヲ取交ヘ記ス。昨日昼飯後、一揆ノ者共県庁江押寄せ候由ニ付、徐(筆者)・横(横田左内)左同道ニ而春吉寺町迄見物ニ行候処、博多・春吉ゟ押行候人数凡二万余モ可レ有レ之哉、立連ネタル竹鎗ハ秋野ノ薄ニ不レ異、

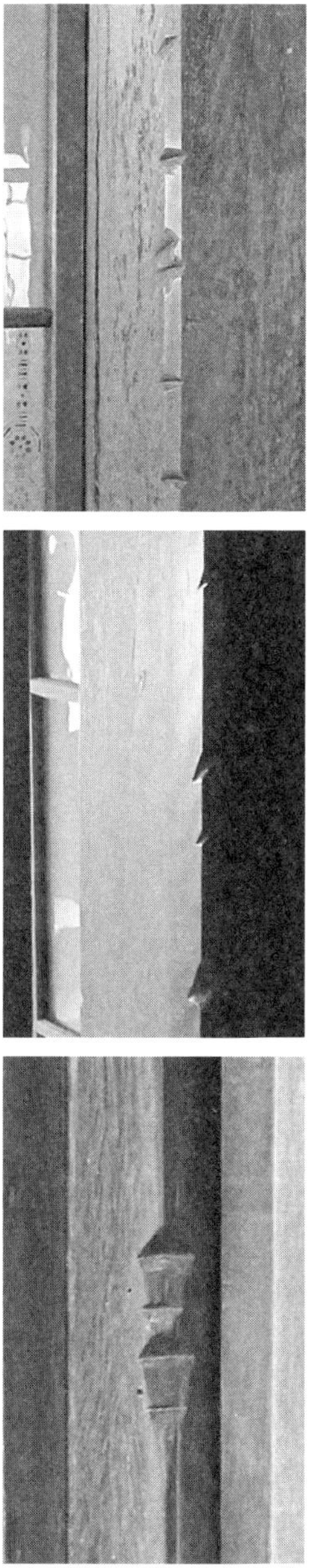
飯塚市勢田・許斐家住宅に残された柱傷

鯨波《げいは》ハ山岳モ崩ル、計リ、惣人高四万計《ばかり》モ可レ有レ之哉ノ咄也。直ニ県庁ヲ焼立候。且昨今ニ打崩シ候家々市中近在ニ而慥《たしか》ニ聞居候分、比恵村前大庄屋安竹（武）茂平、同伊平、犬飼村庄屋同武平、半道橋《はんみちばし》ノ庄屋、前大庄屋藤井伊八郎、同上野甚六、大庄屋佐伯山平、成竹村ノ庄屋、当村庄屋副田重平、福岡ニ而波奈ノ石徳、西町ノ鰯屋大蔵幷異館作リノ分ハ不レ残、博多ハ中島ノ替《かわ》せ方幷鳥羽屋、万屋、太田屋ハ四軒共、川端ノ紅嘉、米会所、横丁（町）ノ海老屋、柳町（遊郭）ハ異館作ノ分ノ家、其外学校不レ残。猶此外ニモ有レ之由、然共未二聞居一、追而可レ記。　那《いかんせん》御国中ニ而何百軒可レ有レ之哉、是又追々ニ可二書記一。右打崩シ候有様、各竹鎗ヲ以、鋳・白土ニ而有徳《うとく》ニ任せ分外ノ花（華）美ヲ尽シ建飾リ居候ヲ突破リ、斧・掛矢・熊手等ヲ以、当ヲ幸、打折リ叩砕キ、夜着・布団・衣類一品モ不レ残サ持出シ、積重ネ、火ヲ掛焼、或ハ泥水ニ踏込ミ、太田屋ハ油屋故見事成ル小袖ヲ油桶ニ打込抔、目モ難レ当次第也。此外ニ夥敷事なるへし。時枝名末（明）レ分・中村要（用）六割腹致候由。是ハ実事可レ成沙汰也。水野（千波）権《ママ》参事・団尚静ハ切腹ニ相定リ居候共、又ハ最早切居候共申沙汰也。真為未レ分。一揆ノ方炮死、又ハ被レ切、彼是死人二拾人計リ、県ノ方ハ纔《わずか》両三人ノ由也。右一揆ハ竹鎗計リ、向ハ鉄炮或ハ刀故ニ死人大ニ多少有レ之候。今廿《ママ》一日大木ノ庄屋代喜右衛門カ家ヲ焼。早良《さわら》ノ内穢多村ハ不レ残焼立ル。一揆ニ在住ノ士族多分相加リ候向有レ之、無二相違一事也。家々ヲ打破ル勢ヒ寔《まこと》ニ烈火ノ如ク、又精細ニ行届、手塩皿等ニ至迄砕キ捨、夜具・衣類、且区長初郡役・村役ハ帳面ノ有限リヲ焼捨、仕廻《しまい》ニハ水ヲ掛ケ火用心ハ殊ノ外ニ念ヲ入候。市中在々共ニ握飯・酒・水等ヲ出シ、間《ま》ニハ素麺抔出シ候処モ為レ有レ之由。偖夜ニ入、今夕春吉[22]江打入リ放火致スとの事ニ而、家々諸道具ヲ向寄ニ預ニ行、或ハ川原江持出スモ有レ之、上ヲ下ニノ騒動。此方江ハ右ノ通リ廿日ゟ上田方・綿勘ノ家内中来居候処、藤井（橘郎）方ノ母幷末妹逃来、神代（勝箴）ゟ諸道具ヲ持込来ル。当村内ハ俵物幷衣類等ヲ屋敷ニ堀《ママ》埋候。右ノ次第ニ及レ差候ニ付此方モ格別要用ノ品幷夜具・衣類等荒々堀埋メ候。橋口ノ制札幷村々町々ニ有レ之候布告張出シ所モ、一揆ノ所為歟ハ不レ知、取除ケ有レ之。偖播磨（黒田）殿父子出張ニ而、一揆中江、願意感徹（貫）致候様可二取計一ニ付放火

・乱暴不レ致様被二相喩一候ら、一先引退キ、鎮静ノ形チ相成候得共、種々色々様々成ル港（巷）説ノ無二絶間一モ、人気不穏、各渡世モ手ニ不レ付、寔ニ苦々敷情態也。書記度事山ノ如ク候得共、所詮無レ尽□故、先筆ヲ留候。後日追々ニ可レ記。……時枝・中村ノ両人切腹ハ弥《いよいよ》無二相違一由ト相聞江候。前条ノ事々別而《べつして》文面不二相《あいつづま》約《らず》一、後日嘸哉《さぞや》分ル可シ。

（「横田徐翁日記」）

解説　右の記事で注目すべきは、一揆勢が「火の用心」に格別注意を払ったというくだりである。村役人クラスの家を襲い、証文・帳簿類を焼払った際に、水を用意して火の始末はキチンとしたという。これは福岡・博多の町や郡部の一般村での類焼をきらったからである。

表１　一揆による被災状況

家屋数		4,590軒	毀　焼
家　屋		＊2,343	毀
	公布掲示場	4	大　破
	官舎	1	〃
	官員幷士民住居家	837	〃
	納屋	432	〃
	土蔵	526	〃
	小学校	27	〃
	村役場	33	〃
	士民住居家	314	小　破
	納屋	60	〃
	土蔵	90	〃
	村役場	9	〃
家　屋		＊2,247	焼
	村社	1	焼　亡
	官舎	6	〃
	士民住居家	1,532	〃
	納屋	636	〃
	土蔵	31	〃
	寺	1	〃
	小学校	2	〃
	村役場	1	〃
	士民住居家	6	半　焼
党　民		70人	死　傷
		28	死　亡
		18	重　傷
		24	軽　傷
電信柱		181本	損　傷

明治６年８月25日付，福岡県から大蔵省への報告
（出典）『近代部落史資料集成』第２巻，584頁
（注）＊印を付した数値は，なぜかそれぞれの内訳の合計に一致しない。後に述べるように，家屋焼亡のほとんどは被差別部落であったと考えられる。松崎武俊氏（「筑前竹槍一揆と部落」，『部落解放史・ふくおか』創刊号）が部落の被災家屋を二千余戸（納屋・土蔵を含む）と見ているのは妥当であろう。ただし，納屋・土蔵を除いて1,532を焼打ちを受けた戸数の実数と見た場合，表２の朱書合計1,534とほぼ一致するので，「被災世帯数」という意味では，部落被害は千五百余で確定できると思われる。

「すべての穢多村を焼尽すべし」と呼号した一揆勢が、実際にはいくつかの部落を焼かなかったのも、一般村と近接していたことから、一般村への類焼を避けるために思いとどまったものである。部落はうむを言わさず焼くが、部落以外は一軒も焼かないように、失火にすら気をつけるという見事な統制ぶりを、一揆勢は示している。

このことから、表1「一揆による被災状況」のうち、家屋の「焼」二二四七軒の大部分が被差別部落の被害であったと考えてよいであろう[23]。

ちなみに、明治四年の福岡藩の「穢多」住家は三八二七軒であり、六年のこの時点では編入された旧秋月県他を含めて、福岡県（筑前）の部落戸数は四〇〇〇戸以上[24]あったと考えられるが、その内の一五〇〇戸以上が焼打ちを受けたことは確実である（表1の注参照）。

六月二三日　世情はかなりおちつきをとりもどした。埋めた荷物を掘り出す人もいる。ところが、今度は村を焼かれた被差別部落側から仕返しに来るという噂が立ち、住吉村の人たちは二〇人ずつ不寝番に立ち、四カ所の出口に四人ずつ、残り四人は終夜太鼓をたたいて見回ったが何事もないまま過ぎた。

「然《しかる》ニ穢多共被二焼立一候事ヲ以ノ外ニ憤リ、村々ヲ焼崩ス旨申合、既ニ今夕ニモ押掛ケ来由専申立候ゟ、村中夜廻リ相始メ……」（「横田徐翁日記」）

この日、一揆の要求の一部が書きとめられている。従来、要求書自体が疑問視されていたので、「一揆ノ願意」として記された各項は千鈞の重みがある。筆者が民間人で、同時代史料だけに、作為の入る余地がなく、一揆勢の一般的要求をかなりよく反映したものと見なし得るからだ。さらに、「右願書」云々の記事から見て、一揆勢が各村に回覧、署名を要求したとも考えられる。今のところ、これを確証する史料はないが――。

「牛肉店の廃止」は他の要求書に見られない内容であるが、旧藩主招請の要求と並んで、筑前竹槍一揆が「新政（文明開化）反対」の傾向を持っていたことをよく示している。ここには、逆に他史料に見える「解放令」反対の項目があがっていない。

〔史料⑩〕

……偖又《さてまた》一揆ノ願意ハ、先第一御先公（黒田長知）様ヲ従前ノ通御入国、年貢五ヶ年ノ間半納ニ被二成下一度、残リ半高ヲ以旧社ノ神用ニ可レ申、諸運上ヲ以前来ノ通ニ被二成下一度、牛肉店ヲ被レ廃度、此外、以上八ヶ条ノ願ノ由也。右願書ハ後日可二写取一。物而大庄屋・庄屋・町々（博多）ノ年寄江押入リ、帳面且諸書類ヲ悉皆焼捨候。右ハ悪政ノ諸書ヲ無成シ善政ニ可レ致二一新一との赴（趣）意ニ而相含候由ニ而、聊モ百姓ヲ可レ悪次第ハ無レ之候。然ヲ利（理）不尽ニ炮発シ、或ハ切捨候抔ノ忘却者・乱心者抔多ク有レ之候事、不レ能二分別一候。右願書ニ当村（住吉）ハ不二相加一旨申答候由。其末何ト共可レ納ニ哉《おさまるべきにや》。……

（「横田徐翁日記」）

六月二四日　筑後の加藤田平八郎が甘木近辺の部落が焼かれた事情を記録している。その理由は、他部落焼打ちのケースとは違っている。なお、これは六月二三日の出来事。

〔史料⑪〕

今日松崎近辺花立山農民篠原敬八方ニ参リ咄ニ、一揆ヨリ加勢ニ来ルヘキ旨申聞シニヨリ参リシニ、甘木町佐野屋ヲ崩シニ掛リ、同家ノ新貨幣ハ近村ノ穢多ニ密ニ預ケアリシヲ知リテ直ニ穢多村ヲ焼払ヒ、又所々ニ金銀ヲ埋メアリシヲ掘出シ焼捨テ、衣裳ヲ井ニ投入タリ、粟ト辛子トヲ交セ、米ト麦ヲ交セタリ乱暴ニテ、私抔ハヶ様ニ大造成《たいそうなる》金銀ハ初テ見、家財等モ夥シク流石《さすが》ハ大家ナリト驚キタリ、……

（『加藤田日記』）

六月三〇日　黒田播磨が一揆鎮撫に果たした役割については、諸書が一致して示しているところである（史料⑨参照）。播磨は大老として、藩主に準ずる地位にあったこともあって、播磨による一揆説得は最も効果を発揮した。

〔史料⑫〕

筑前下坐郡（本《もと》知行所）へ引込居候元家老（壱萬八《ママ》千石）黒田播摩《ママ》、今般一揆妄動既ニ福岡県庁ヲモ崩壊シ諸官員ヲ切害或ハ捕縛シ、所々ニ放火致シ誰一人之ヲ鎮静スル者無之、就テハ官人、播摩へ鎮定依頼ニ相成候由ニテ、同人農民共へ説諭致セシ訳ハ、願ノ筋身ニ換へ願取遣スヘキ間、孰《いず》レモ静リ各居村へ立帰リ、農業等ニ取掛リ安心可致旨説得ニテ、十萬ニ垂々《なんなん》タル農民ヲ鎮定致セシトノ風説、播摩ハ兼テ人望アル人オト云。

（『加藤田日記』）

七月一四日　黒田播磨、一揆勢との盟約を守り、東京へ嘆願のため出発せんとす。農民も同行の動きを見せる。この点は重要で、播磨が農民の要求を正しく聞き取っており、いいかげんに要求書をデッチあげた、などということではないことが分かる。それは、東京嘆願への農民同行の動きに明らかである。また播磨も、大蔵省役人（大蔵大丞林友幸ヵ）の反対を押してまで政府に農民嘆願の箇条を伝えようとしており、誠意がうかがわれる。

〔史料⑬〕

……筑前百姓蜂起鎮定シ、黒田播摩《ママ》盟約ノ通三ヶ条歎願ノ為東京へ出発ノ筈ニテ、百姓共モ之ニ陪従ノ中合セ致居候処、頃日参事並《ならび》ニ大蔵省官吏一同下着ニ付、福岡県官人ヨリ今度ノ騒攘《（擾カ）》ハ誰レカ鎮メタト云事

福岡県庁表御門と下がり松。写真からの模写（『福岡』第43号，1930年6月）

モナク自然ニ鎮マリタリト参事等ニ申達セシヲ、旧家老共聞伝へ、騒擾ノ際ハ官人共狼狽無策手(拱脱カ)ヲヌキ畏縮シテ本《もと》家老共へ一向鎮撫方ヲ依頼シタル故、就中播摩ハ大ニ尽力シ漸ク鎮定シタルヲ押隠シ、自然ニ静マリシ杯(抔カ)ト申達セシハ甚タ不埒ナリト大ニ憤タリ、且又播摩、大蔵省官人へ百姓歎願ノ中三ヶ条ハ願立遣スヘキ旨誓約シテ彼等ヲ説得致シ置タル段申向ケシニ、官人ハ其様ナル事一ヶ条ニテモ十手茂《とても》叶フヘキ事ニ非スト云ケレハ、播摩ハ百姓中へ信義難立、一層屠腹可致ト覚悟ノ処、本家老仲間色々取ナダメタリト。

（『加藤田日記』）

以上見てきたように、「解放令」は農商民と被差別民との間に妥協なき日々の闘いを強いることになり、筑前竹槍一揆勃発の直前まで、差別・反差別のせめぎ合いが、時に竹槍・刀で武装する争いにまで至っている。

一揆そのものは、たしかに大旱魃による雨乞い騒ぎがきっかけになるけれども、その前に発火点に達していた、というのは右のような状況を指して述べたのである。

一揆が「解放令」反対を要求として掲げ、「被差別部落を焼き尽くすべし」と広言して、それを実行した点には、従来も異論の入る余地はなかった。問題はそれを「偶発的」なものと見るのが妥当かどうかであるが、これまで史料をもとに検討したことで、部落焼打ちは一揆の「必然的帰結」、「論理的帰結」であったことは明らかにできたと思う。

筑前竹槍一揆はこの点では首尾一貫しているのである。筑前竹槍一揆の本質を規定するのに、「解放令」反対一揆とする所以である。

表 2　一揆被災者への救助金支給 (1)　　　＊平民は焼亡も含む

破　毀	金50円 官員	40 権区長	35 戸長	30 副戸長	30 地券附属	30 普請取締	30 士族	12 保長	12 山見番	12 捕丁	5 平民	3 平民
大区　郡												
第1・早良（福岡部）	9		1	3	1		5	1		1	8	2 (2)
2・那珂（博多部）			1	1			1	2			14	
3・糟屋			1	8		1	1	25			34	7
4・宗像		1	1	11			1	38			52	49
5・遠賀			1	4		1		2			3 (4)	8
6・鞍手				5		3		40	2		85	55
7・穂波				2				10			89	33
8・嘉麻				5		1		1			25	1
9・上座		1	2	8		1		8			42	
10・下座				7	1		1	12			10	
11・夜須	1		1	10		1		8			44 (50)	5
12・御笠			1	9	1	2		10			17	13
13・（那珂 席田）			1	10			1	26			8 (479)	12
14・早良			1	5			1	30			5 (546)	10 (16)
15・志摩			1	12		1		18			24 (174)	12 (1)
16・怡土		1	1	11		1		15			26 (257)	2 (5)
人員合（人）	10	3	13	111	3	12	11	246	(＊1) 3	1	1,996	(＊2) 234
金員合（円）	500	120	455	3,330	90	(＊3) 260	330	2,952	36	12	9,980	702
総人員 金締高	2,643 人 18,867 円											

表2，3とも明治7年6月18日付，福岡県から内務省宛上申書の添付資料より作成。「右被災毎戸賑恤金下賜候儀ニ付，人員金高共猶詳細取調候処，名簿幷ニ別紙表面ノ通ニ御坐候」

（出典）『近代部落史資料集成』第2巻，611頁
（注）＊1，＊2は合計が正しいとすれば内訳で各1名脱落か。＊3は360円の誤り。平民の5円・3円には焼亡も含んでおり，（ ）内は朱書の分。あるいはこれは「破毀」表の内の平民「焼亡」戸数を示すか（611頁の別の表では第5・13～16大区が焼亡を含んでおり，朱書きの分とほぼ重なるからである）。朱書合計は，5円が1,510人，3円が24人。なお，一戸5円ずつの支給は「家屋蕩燼自営スル能ハサル者」のうち「重」，3円ずつが「軽」である。

表3　一揆被災者への救助金支給(2)

焼　亡	金30円	50	45	35	35	15
	官員	権区長	戸長	副戸長	士族	保長
大区　郡						
第1・早良（福岡部）	3					
5・遠賀			2	1		2
13・（那珂 席田		1	1	1		3
14・早良					1	1
人員合（人）	3	1	3	2	1	6
金員合（円）	90	50	135	70	35	90
総人員 金締高	16人 470円					
金総高 毀焼人員合	表2の総計と合わせて19,337円 2,659人					

（注）官員金30円の支給は「官員官宅ニ在テ毀焼セラレシ者」の内「焼亡」にあたり，これは福岡城内官舎焼打ちによるものか。保長は村役人（旧庄屋・組頭）であるから，被差別部落の保長をも含んでいよう。残り7名の焼亡については具体的状況をつかんでいない。この表は注(23)で一般村が全く焼かれていないと述べたことと矛盾するが，一揆全体の動きから見ると特異なケースであったのではないか（一応，後考に俟つ）。

表4　一揆参加者の処罰(1)

斬　罪		3人	
絞　罪		1	
懲　役	終身	3	
	10年	39	(92)
	7	2	
	3	42	
	2	6	
杖	100	7	
	90	27	(11,151)
	80	2	
	70	11,034	
	60	81	
笞	50	514	
	40	25	(52,691)
	30	52,150	
	20	1	
	10	1	
呵　嘖		6	
総　計	人員	63,944人	
	贖金	115,396円25銭	

明治7年4月30日付，福岡県から政府への報告。（ ）内は引用者が補う。
（出典）『近代部落史資料集成』第2巻，596頁

表5　一揆参加者の処罰(2)

斬　罪	3人
絞　罪	2
懲　役	86
杖　罪	11,330
内　収　贖	59
笞　罪	52,519
内贖罪収贖	52,013
人員惣計	63,940人
贖金惣額	116,627円25銭

明治6年10月7日付，小倉県布達（第103号）の別紙による。表4と比べると総計・内訳とも若干の相違がある。斬罪は長沢小三郎・石坂九右衛門・井上勝次の3人，絞罪は淵上琢璋だけで1人が正しい。

三　部落はなぜ焼かれたか

定説の紹介

まず、従来の研究史の中で定説化している点を確認してみよう。これまでの各説を列記する（(1)〜(6)順不同）。

ここでの焦点は次の二点である。

①一揆要求中の「解放令」反対項目は士族の要求であるか、あるいは一揆要求の中に士族の要求も含むか。

②部落焼打ちは一部のものの扇動、あるいは一部士族の扇動によるか。

(1) 江島茂逸「明治癸酉筑前一揆党民竹槍史談」（『部落解放史・ふくおか』第三号）

……（穂波）半太郎ハ人民が歎願書なりとて、一つの書付を懐中より取出して水野・団両参事の前に指し披げ、何やらん喧ましげに説き立たり、其書附に左の件々を載せたり、

一　御年貢は嚮《むこ》ふ三ヶ年間徳畝の事

一　知事様御帰国黒田県の事

一　学校と徴兵と地券発行取止めの事

一　藩札従来の通り通用の事

一　穢多従来通りの事

一　旧暦廃すべからざる事

右の六ヶ条ハ、這《こ》れ全く半太郎が計略に出でたるものにして、半太郎は自から乱勢の群中に混入し、縦横馳せ回りて……

半太郎ハ猶ほも其豊丹生老《ぶにゆう》を伴ひ共に乱徒の中を徘徊せしに、悪漢らしき五、六名のもの出放題なる苦情を鳴らし立てたるにぞ、半太郎は豊丹生老をして彼等が怒鳴る其苦情の要領なるものを其場に書留めさせ、則ち一揆蜂起の旨趣書として自から懐中して来れるものにてありしなり、……　（四四頁）

……彼《か》の士族と官員を擲き殺して報ひ討べし々々と呼《ママ》び、直に博多へ討ち入るべきの形状とハなりしなり、又た孰《た》れ言ふともなくして、堀口・辻の新平民が家を焼き払ふ可しとハ、期せずして乱勢の輿論とはなりしなり、されバ松原に充満せる数万の乱勢は、看す々々二手に分かれ、一手ハ石堂口なる堀口村（今の豊富村）、一手は西門口《さいもんぐち》なる辻村（今の松園村）に向て進み、一炬に放火する所とハなりしなり、元来堀口村ハ六百有余戸、辻村は二百有余戸の村落にして、乱勢ハ数千の松篝に石炭油を灌《そそ》ぎ、各戸の担（檐）下を廻りて一斎に放火せしかば、千戸に近き茅屋ハ一時に焼（燃）へ上り黒烟天に漲り数千の民ハ悲号天に喚《ママ》び、地に顚ひ阿鼻等活《ママ》の生地獄、目も当られぬ有様なりき……数万の乱勢ハ進んで堀口・辻の両村を焼き払ひしハ、彼等が曾て新平民へ編入せられたる特典を持し、高慢なる挙動あるに不平を鳴らし、斯る手荒の所為をもてそが不平を洩らし、少しく快気を覚へし途端、……　（七〇・七一頁）

（2）

新藤東洋男『部落解放運動の史的展開』（柏書房）

……この筑前竹槍一揆の中には多くの不平士族が含まれており、その要求書は、これらの不平士族の要求を主軸にまとめられたということができるであろう。　（一二頁）

……以上の検討によって官側資料にのせられている「筑前竹槍一揆」の要求書は、一揆に参加していた不平士族が自己の要求を充分にもりこんで積極的に書いていった事情を知ることが出来るし、部落焼打ちの事態もこれらの士族とのかかわりあいが多分にあったことが考えられる。……部落への放火はごく一部のもののそそのかしによる行為であり、「筑前竹槍一揆」の要求なるもののなかにある「穢多平民区別之事」、

「皮多分者《は》従前通取計事」とするのは、そのすべてが農民総意の上での要求ではなかったであろう。

（三八・三九頁）

（3）松崎武俊「『筑前竹槍一揆』と堀口村」（福岡部落史研究会発行『福岡県被差別部落史の諸相』所収）

ところが、この日、県内東部に位置する粕屋・宗像・鞍手・席田《むしろだ》各郡方面の一揆勢が箱崎松原から福博市街を押し通り、福岡城内の県庁へ突入すべく作戦待機中、県庁へ突きつける「要求項目」を決議した。もっとも決議したといっても正常な方法によるものではない。旧藩士が鎮撫の目的で群衆の中をかけめぐり、無責任に放言する一部党民の声に、旧武士団の要求をも含めた数項目（資料により若干の相違がある）をまとめたものであるから、押印もなければ成文化したものでもない。が、この条文中に、

皮多分ハ従前通取計之事（『十ノ小区調所日記』）

農商ハ其業ヲ務メ、穢多ハ元之通御取扱相成度事（「佐賀県庁文書(25)」）

という項目が盛られた。部落の焼打ちが各地に起るのは、この要求項目が決議された一揆後半の六月一九日以降である。

（二四三頁）

（4）瀬川負太郎「〝解放令〟前後」（『部落』一九七一年八月）

これを部落民が一揆と共同したと考えることはできない。一揆が鎮圧隊に出した要求は「一、御年貢は向う三ヶ年間徳畝のこと　二、知事様御帰国黒田県のこと　三、学校と徴兵と地券発行取止めのこと　四、藩札従来通り通用のこと　五、穢多従来通りのこと　六、旧暦廃すべからざること」である。一項をのぞき明治初年一揆に現われた反動的な要求がすべて盛りこまれている。農民の要求というより、むしろ知行を失なった封建家臣団の反革命要求といったほうがよい。まさしくこの要求書は、下級士族のアジテータ

ーが、農民をおどしてつくりあげたものであった。この要求を裏返せば、部落焼きうちに農民が煽動されたことはうなずけるだろう。さらに蔵元の襲撃に部落民を動員し、捕手《とりて》役人を待ち伏せさせ、また捕えた官員をかつがせるなど、暴動の前面に部落民を立たせたことは、一揆の要求を横へそらす狡猾な分裂策だといえる。

(5) 黒木彬文「筑前竹槍一揆」(西日本新聞社『福岡県百科事典』)

……自然発生的一揆は明確な目標を現さないが、一揆説得の士族が農民の嘆願個条として記しているのは(1)年貢の3ヵ年停止(2)旧藩復活(3)学校と徴兵制の廃止(4)地券発行の取りやめ(5)旧藩札の復活(6)部落解放令の廃止(7)旧暦の復活である。このうち(1)(3)(4)(5)が農民の要求であったろうといわれる。

(6) 紫村一重[26]『筑前竹槍一揆』(葦書房)

先頭集団が着くと、髷の男が叫んだ。

――今から堀口村を焼き打ちにするぞ、一揆に加わらぬ天罰じゃ。

すると他の男が、それに続けた。

――辻も焼き払え。

目指す県庁か、あるいは悪徳役人や奸商の家ならいざ知らず、選んで被差別部落を焼かねばならぬ理由は、百姓達にはない。それは明らかに計画的に仕組まれたものであろう。しかし、今の群集《ママ》には、それを判別するゆとりはなかった。鎮撫隊に砲撃された余憤はまだくすぶっていたので、焼けという号令は、群集の新たな怒りに油を注ぐ結果を招いた。他の郡村から、やって来た群集の殆どが、そこが被差別部落で

あることも知らないで――。（二〇一・〇二頁）

これらの諸説が一致しているのは、嘆願書（要求書）は、一揆参加農民の総意を反映したものではないという点である。あるいは部落焼打ちは士族の扇動によるという点である。それらが誤っていることは、すでに前節で引用した史料からも、「解放令」以後「筑前竹槍一揆」へと至る経過からも明らかである。

紫村氏は、一揆に参加した百姓には、県庁か奸商の家ならともかく、部落を焼く理由はないと述べる。事実は逆で、部落については一軒残らず焼けるようにと工夫をこらした一揆勢は、一般村での打ちこわしでは「火の用心」に怠りなかったのである。

たしかに、こうした民衆の心性は暗い。しかし、その暗さこそが日本史を貫いて〝差別〟を残存してきたのであり、この点を直視しないわけにはいかない。

部落はなぜ焼かれたか

次に、部落焼打ちの事情についてふれた史料を列記する（すでにこれまで引用したものも含む）。

(1) 「横田徐翁日記」明治六年六月二〇日条
偖《さて》一揆ゟ堀口・辻ノ両村焼立ル。右ハ惣而《すべて》ノ穢多共平人ト為リ候ゟ以ノ外誇轎（驕）リ、従前ノ人ノ上ニ可レ立抔ノ心得致シ、重々以不勘弁ニ有レ之、故ニ皆人深ク相悪《にく》ミ居リ候。夫故《それゆえ》此節穢多村ハ悉皆《しっかい》焼尽シ候含成ル由、専ノ説也。

(2) 江島茂逸「明治癸酉筑前一揆党民竹槍史談」

……堀口・辻の両村を焼き払ひしハ、彼等が曾て新平民へ編入せられたる特典を持し、高慢なる挙動あるに不平を鳴らし……

(3)

『嘉穂郡誌』大正一三年

又粕屋・御笠・席田の一隊は、進んで博多を突き、豊臣（富）の人数を先鋒とせんと談判せしに、彼等は新政の殊恩に感激せし折柄なれば、如何でか斯る暴挙に加担すべき、立どころに之を拒絶せしかば、終に暴民の為めに其の部落は全部焼払はれたり、……

(4)

「竹田家日記」明治六年六月二二日条、『近代部落史資料集成』第二巻、五六四頁

……今日ハ穢多と戦ほう（ママ）日、金平・辻なと焼払の手立、是ハ一昨日此者共手向致候故なりと云

※(1)と(4)で日付に齟齬あり。堀口村が焼かれたのは六月二〇日午後二時のことで、「其夜中に村中焼亡仕候」と、堀口村保長は報告している。

（筑前竹槍一揆口上控、『日本庶民生活史料集成』第二五巻）

(5)

『加藤田日記』明治六年六月二四日条

……甘木町佐野屋ヲ崩シニ掛リ、同家ノ新貨幣ハ近村ノ穢多ニ密ニ預ケアリシヲ知リテ直ニ穢多村ヲ焼払ヒ……

(6)

「犯罪書・下」(27)所収、農水崎甚平（四十三年五月）調書

一、自分義九ツ半頃竹鎗持参ニて出立仕ル。福岡唐人町入口迄行候頃ハ七ツ半頃と見へたり。其後姪浜ニ戻リ順光寺ニ而一宿仕ル。ヨク廿二日朝六ツ半頃より生《いき》の松原ニ引取暫ク休足仕候所ニ何組共しれす大勢

ニて怡土郡案内いたし候様申、案内不〻仕ハゐた同様ニ焼払と申候ニ付、我家堅メント思、案内せんと偽り一□ニ走リ、大勢走リ越、居村ニ付頃ハ九ツ頃と見へたり。……

(7) 松崎武俊「筑前竹槍一揆口上控　解題」、『日本庶民生活史料集成』第一五巻
……甘木地方の部落では、一揆への不参加の代償として「わらじ」を提供したり、次の「誓約言」を入れ、焼き打ちを遁れた部落もある。「昔皮多ノ通ニ仕ル、風呂屋ニ入不申、髪結ニモ参不申、常人ニ無礼不仕、丁寧ニ仕リ候、此節焼払御用捨奉願候也」(『諸記録集』)

(1)(2)は部落焼打ちは、「解放令」にともなう部落民の「平民化」の行動に反発を強めた農民が、憎悪のあまり部落襲撃に走った結果であることを示している。したがって(7)のように、「解放令」以前に等しい行動をとると誓約して、焼打ちを免れることもできたのである(このことは、焼打ちの有無で、一揆勢の差別意識の濃淡を測ることができないということを意味している。一般的にいって、戸数の少ない枝村の部落では「平民化」の行動は不活発だったであろう。したがって、こうした村では襲撃がなかったとしても不思議ではない)。

これを逆に言えば、「平民化」の行動に熱意を示し、積極的であった部落、一揆を迎えてもこれまでの行動を謝罪せず、「穢多」としての分を守るとの誓言を出さない部落が焼打ちを受けたことになる。

したがって、(3)についても、部落の人々に先頭に立てと要求したのは、博多突入時の弾よけにしようとか、道案内をさせようということ以上に、「解放令」以前と同じようにへり下った態度をとらせようということ、命令に従順に、いわゆる〝犬馬の労をとる〟という象徴的な意味合いがあった、と解釈した方がよいのではなかろうか。堀口村はそれを拒絶したために焼かれたのである。

(4)は「手向かった」ことが部落焼打ちの理由とされるが、これも積極的抵抗というより、不従順の意であろ

う。(4)では一揆勢が「穢多と戦ほう《ママ》日」という共通の認識を示している点が注目される。史料⑦でも引いたように、「横田徐翁日記」にも、「金平モ今日焼筈」とあった。事前に、今日はどうするという指令（あるいは噂、デマという形にせよ）が浸透していることをうかがわせる。
(6)は「ゑた同様ニ焼払」うと一揆勢が広言しているもの。このことから、部落を焼くことが、一揆の団結を強める要因であったという役割も考えられる。
(5)だけは異質で、豪商佐野屋が資産を部落内に疎開させ、そのことがバレて部落が焼かれたというもの。そういうこともあったのかもしれないが、もしこれが一般村の出来事なら焼かれなかったであろうことは確かだ。

要求書について

次の二史料によると、一揆の要求のうち、主要なものは三カ条だけとされる。

(1)『加藤田日記』明治六年七月一四日条
……黒田播摩《ママ》盟約ノ通三ヶ条歎願ノ為東京へ出発ノ筈ニテ……

(2)「公文録」所収・福岡県報告、『近代部落史資料集成』第二巻、五七八頁
……兇徒願之趣三ヶ条
一、旧知事ヲ返《ママ》ス事
一、諸税三ヶ年間半減之事
一、不毛地・山林等払下ヲ止ムル事
但、前二ヶ条者《は》、難取用候得共、不毛地・山林払下之儀ハ、農民必要之草菜ヲ刈テ肥トスル者之難渋

ニも相成ニ付、可及詮議旨説得有之也
一、其余之願ヶ条者、公然致出願候義ニ無之候

要求書については、士族固有の要求を含むとか、農民の総意を反映していないとかの説が専らなされてきた。要求書と伝えられるものの雑多な性格、各要求書間の内容の違いも、右の説を許してきた理由だが、要求書についてはすでに上杉聰氏による整理がなされていること[28]でもあり、ここでは黒田播磨が説得した際の要求であることが明らかなもの（したがって黒田播磨の農民との〝盟約〟を示すと考えられる）を二点採録しておく。

(3)「十ノ小区調所日記」所載、『近代部落史資料集成』第二巻、五六七頁

一、先知事公帰藩之事
一、壱ヶ年間半高之事
一、皮多分者従前通取計事
一、山の札御取止之事
一、藪（カ）銭御廃止之事
一、旧藩之御知行、大小隊共相応ニ相暮候様御人（尽）力之事

(4)杉谷昭「佐賀の乱覚書」[29]所収、『日本歴史』第八七号、昭和三〇年九月

……明治六年六月廿四日佐賀県参事石井邦猷等三名の県官連名で参議大隈重信（大蔵省事務総裁）に宛てた「福岡県下暴動之儀ニ付御届」……同届に、「全躰党起之発端ハ何等之事件ニ出候哉判然致兼候得共、右黒田播磨説論之砌左之条々申立候由」とあり、八ヵ条を挙げている。

一、旧知事公御帰国之上御政事被下度事
一、田畑諸税共年貢半高御受納相成度事
一、士族中藩政ニ旧復士族之本務ヲ専行有度事
一、官山林ハ従前之通据置被下度事
一、畑税現大豆御取立廃止米納ニ服（復）シ候事
一、太陽歴（暦）廃止旧暦相用度事
一、農商者其業を務メ穢多ハ元之通御取扱相成度事
一、専ラ西洋之事躰ニ狥（徇）ヒ且社寺を合併より当大旱災を相醸候ニ付テハ右ヲ致廃絶度事

要求内容自体の検討には、ここでは立ち入らない。ただ、次のことは確認してよかろう。「解放令」反対の要求（(4)の第7項）は、主要三カ条には入っていないが、明らかに一揆の要求の一つであったことである（上杉氏は六種類の要求書の内三種類に「解放令」反対項目があると述べているが、この要求書を加えて、七通の内四通[30]になる）。また、農民側が、要求に実現可能性を考慮した要求順位をつけていることを考えると、「解放令」反対は決して要求として軽視されていたとも言えまい。

一揆勢は、「解放令」の撤回が実現しがたいと見たからこそ、三カ条からは引っ込め、部落との直接交渉（誓約書の引出し）、実力行使という戦術をとったとも考えられる。

ある被差別部落での一揆参加の事情

六月二二日、遠賀郡若松村の商人が、豊前国田川郡旧番所下で米を売っているというのを聞き、鞍手郡の農民安永次平は、息子ともう一人、計三名を交渉に行かせた。ところが、すでに小倉の者に売払い、手付ももら

っているとして断わられ、通常の方法では米が入手できないことが分かった。

そこで、折柄百姓一揆のさなかのことであり、この機に乗じ「窮民共ヲ煽動シ多人数押掛ケ強談可レ致」と決意、ただちに仲間を集め、「新村旧穢多共へ、米入用ノ者ハ」旧番所下へ集まるように手配した。

一方、被差別部落の側では、「自分共儀飯米不足苦心の折柄」右の呼びかけに応じ、二人が駆け付け、集まった者たちで船五艘、合わせて米一一四俵を奪い、米二俵ずつを分配してもらった。その夜は取りもどしに来るのを恐れ、竹槍を手にしたまま、焚き火をして夜を明かした（参加したのは、本村の一二人、部落の三九人で計五一人）。

翌二三日、前日村倉を貸さなかったことで保長に抗議。高持層にも、他村への小作を取止め、窮民に小作替へするよう要求、高持層は寄合評議することになったが、遅延し、怒った安永は打ちこわしを命じようとした。それを一人の部落民がさえぎり、拳《こぶし》でなぐられている。

村蔵前で早太鼓を打ち、隣村に押しかけ、合流するよう促すが応じる者がなく、そのまま村に引き取り、一揆は終わった。

ところが二四日夜になって、捕亡手七人が次平を呼出したため、一揆連累がバレることを恐れ、次平奪回に出ることになった。このため本村から四人が同意、「新村旧穢多共不レ残竹槍ヲ持」ち、途中で待ちぶせ、「次平ヲ引立通行ノ節捕亡手ヲ殴突シ奪返スヘキ旨申含置候処」、結局この時は次平が捕縛されなかったため未発に終わったのである。

※　以上は、竹槍一揆の一局面での話で、一種の便乗した動きであるが、本村の貧農が枝村の部落民を動員し、部落側でもそれに積極的に応じた様がうかがわれる。

この事件では主謀者安永次平（五十六年六月）は終身懲役、他に二一人が懲役三年、四人（内二人は部落民）が懲役七〇日に問われた。この他、贖罪金二円二五銭ずつとなったのが四四人いる（総計五一人）。

（「福岡県史稿刑賞十四[31]」、一二三九丁以下）

瀬川負太郎氏は、かつて「〝解放令〟前後[32]」でこの事件に触れ、「蔵元の襲撃に部落民を動員し、捕手役人を待ち伏せさせ」たことを、「暴動の前面に部落民を立たせた」ものと見ているが、私見では違う。

この事件の背景には、村内の高持層と無高層との深刻な分裂・対立があり、無高層の一人が発起し、扇動したには違いないが、枝村の部落民は、むしろその呼びかけに積極的に呼応している。安永次平が高持層に出した要求は「小作を他村へ出さないでくれ。自分たちに小作をさせてくれ」という実に遠慮したささやかなもので、それだけに無高層の困窮度も分かろうというものだし、大旱魃、米価の値上がり、米の払底という状況で、迫り来る飢餓という事態の深刻さもうかがわれるのである。

安永が高持層の打ちこわしを命じ、それを制止する部落民がなぐり倒される場面に、私はむしろ、部落民が盲従しているのでない証拠を見る。また、奪った米の分配も平等である。安永らは、この米を奪った気はなく、翌日、相手に手付金と称して金を渡し、七月中に残金を入れるという証文まで強引に渡している。一揆の実態としては〝押し買い〟でしかないのである。本質的には筑前竹槍一揆との共通点は全くないと言ってよく、時期を同じくしているが別個に考察すべきものである。

ところで、ここに注目されるのは、無高層と部落民との共同行動がなされていることの意味で、一方では部落焼打ちが頻発している時期に、ここではむしろ〝貧農〟と部落民の同盟という形式が成立しているのはなぜか、ということである。詳しくは分からないが、この村では「解放令」以後も、部落民の「平民化」の行動が、貧農層に憎悪を抱かせるまでに積極的ではなかった、ということなのかもしれない。

ともあれ、この事件は特異なケースであって、筑前竹槍一揆の考察にあたって、一般化することはできない。

竹槍一揆後の部落民襲撃事件

筑前竹槍一揆は、徴兵令や地租改正の実施、旧藩主の東京居住など、一連の文明開化政策の実施に、自分たちの生活基盤の崩壊（より抽象的には、アイデンティティーの崩壊）を感じ取って、農民が不安感を強めていたことが時代の背景として指摘できよう。あらゆる改革が政府の政策意図に貫かれている以上、農民側でもあれは賛成、これは反対と言っているわけにはいかない。〝なんでも反対〟が一揆の要求の多様さ[33]の正体である。この意味では、筑前竹槍一揆は「新政反対一揆」だ。しかし、そう定義することにはなお問題がある。そうであって、そうでないとも言える。

筑前竹槍一揆では、「解放令」反対の要求を掲げ、実際に部落焼打ちを行ったという事実があるからだ。しかも、この要求、さらに部落焼打ちという行動は、それが一揆の存立基盤をなすと言ってよいほど、参加者に通い合うものがあった。すなわち、この点にこそ事柄の本質が見えているのであり、「新政反対一揆」という定義から一歩進んで、「解放令」反対一揆として筑前竹槍一揆を考察しない限り、時代の真実に触れることはできないとすら極言できよう。

さて、この筑前竹槍一揆を機に、「解放令」は世の中に受け入れられたようである。少なくとも、四～六年に見られたような、部落民の自覚的な行動に対する公然たる反発・抵抗というものは姿を消す。もちろん、これは部落差別が解消したということを意味しない。形を変えたのであり、差別の社会的あり様が変わったのである。しかし、これはまた別に論ずべき問題である。

一揆直後の差別事件として知られる、一つの事件にだけ触れておきたい。

明治七年九月二九日

〔史料⑭〕

私儀

一　今廿九日、女子弐人召連、箱（筥）崎八幡宮へ参詣致、帰宅候処、崇福寺辺往還箱（崎脱カ）ニテ、博多亀屋副戸長ノ免《ゆる》シヲ受シ幕ノ者、堀口ノ者ハ打殺セト申、多人数手々ニ打擲致候門（間カ）相叫（申カ）ト候処、咽元押へ打殺セト言儘《まま》咽押へ付、口中ニ手ヲ押込候間、苦痛難堪指喰切候処、叫フ声ニテ多勢散リ々ニ相成候間、指先喰《くわ》へナカラ村内ニ逃入申候、惣身（疵脱カ）所出来仕、右体甚以歎（カ）ヶ敷奉存候条、御憐察ヲ以御裁許被仰付度、此段伏テ奉願候也

明治七年九月廿九日(34)

第十三大区廿一小区

堀口村七番ノ壱番屋敷居住

太右衛門　印

警察科御中

（以下略）

（「筑前竹槍一揆口上控」、『近代部落史資料集成』第二巻、六一六頁）

解説　この申立てによると、「幕ノ者」が「打ち殺せ」と叫びながら、大勢で太右衛門になぐりかかり、その一人は実際に首をしめつけてきたというのである。おそらく失神直前であったであろう太右衛門は、夢中でその男の指を食いちぎり危機を脱している。村に逃げ込んだ時、指をくわえたままだったというから、太右衛門の受けた恐怖のほどが知れる。太右衛門はただ「堀口ノ者」というだけで襲われたのであった。

このような形での部落民襲撃事件は、竹槍一揆以降は全く類例がない。当時としても稀有な事件であったと思われる。

問題はここでの「幕ノ者」の意味である。これは筥崎宮の秋祭りである放生会《ほうじょうや》（現在は九月一二～一八日）の際、博多の人々が総出で筥崎宮に繰込み、思い思いに幕を松の樹間に張ってその中で酒食を楽しみ、にぎやか

に歌い踊るといった行事があったが、この行事を「幕出し」と言い、したがって、その参加者を「幕ノ者」と呼んだのである。江戸時代から博多の人々に欠かせない、重要な行事であった。放生会（一般には「ほうじょうえ」と読む）とは、捕えた生きものを殺すことをいましめ、池などに放して生命をまっとうさせるという儀式である。仏教の殺生戒にもとづくという。

このように、右事件は博多から箱崎へ繰り出していた人々によって引き起こされたものであり、加害者たちには当然酒が入っていたことであろう。

竹槍一揆の際は、博多の人々は被害者であり、傍観者でもあったが、この事件は明治五年六月一一日の山笠の際の事件（史料④）とあわせて考察すべきものである。竹槍一揆が農民による部落襲撃事件であったのに対し、この二つの事件は博多居住者（町人）による部落民襲撃事件という性格を持っているのである。

四　明治初年の社会運動の流れの中で

竹槍一揆以後、士族・農民・商人と被差別部落民との関係が社会運動の流れの中でどうつながっていくか、簡単に見ておきたい。

明治六年六月　竹槍一揆

一〇万人が参加したと見られる。士族は在村の一部が個人的に参加。豪農・豪商・村役人層はほとんどが打ちこわしにあう。士族は反政府気分を内包して、旧隊のつながりを維持、それがただちに鎮圧部隊の編成に転用されることになる。

鎮圧には士族二〇〇〇人[35]が参加したとも言われる。被差別部落は一五〇〇戸以上が焼打ちにあった。

同　七年二月　佐賀の乱
福岡士族は佐賀士族と呼応する計画を秘めて官軍として従軍。果たさぬまま戦死者を出した。

同　八年二月　愛国社
福岡士族の指導者二名が、板垣退助の呼びかけに応じて愛国社結成に参加。八月、福岡に民権政社矯志社・強忍社・堅志社興る。

同　九年一〇月　秋月の乱・萩の乱
福岡士族中、強硬派の堅志社が政府側スパイの策動に乗り、前原一誠と通謀、萩の乱関連で捕縛される。

同　一〇年二月　西南戦争
三月二八日、矯志社・強忍社などの福岡士族は、西郷隆盛との密約を重んじて決起、福岡城（鎮台）を襲撃して敗走。戦死・自殺・刑死・獄死一〇一人を出す（福岡の変）。

同　一一年秋　向陽社
民権運動で立志社と並び称されたほど勢力をふるった向陽社誕生。士族反乱で懲役を終えて帰県した士族を中心に、豪農・豪商層も参加。玄洋社の母体。

同　一二年一二月　筑前共愛公衆会
玄洋社もこの月結成か。共愛会は筑前全域に支部を置き、士族・豪農を中心としつつ、一般農・漁民、商人まで参加した一種の〝私設民会〟。憲法草案では、選挙権に納税額制限を撤廃、そのかわり戸主に限るとした。組織論からいって、被差別部落の参加もあるべきだが確認されていない。

同　一四年一一月　復権同盟
筑前・筑後・豊後・肥後の被差別部落民が結成。名実共に部落差別を廃絶するために立ち上がったと主張。自由民権運動の影響が色濃いが、具体的活動は不明。

竹槍一揆の鎮圧に動いた士族は、西南戦争に至るまで士族反乱の機を絶えずうかがっている。士族反乱の敗北後は、士族層は民権運動に大挙して参加し、豪農・豪商層の支持を得て福岡の民権運動は日本でも有数の盛り上がりを示すことになる。ずっと後年の条約改正期には、玄洋社の来島恒喜による大隈重信爆殺未遂事件（明治二二年）に際し、連累の部落民（奈良県出身者）が検挙されるということもあったが、福岡の民権運動で部落民が士族や豪農・豪商と協同し、一定の役割を果たすというようなことはなかったのであろうか（今のところ未確認）。

ただ、復権同盟結合規則[36]を読む限り、明らかに自由民権思想の洗礼を受けていると考えられる。復権同盟発起人三人中の二人は、松園村（旧辻村）・豊富村（旧堀口村）から出ており、「解放令」以後、着実に「解放」への道を歩んできたことが分かる。竹槍一揆による逆境も、この人々の歩みをとどめることはなかったのである。

上杉聰氏は、義民伝承が残らない点で、新政反対一揆は（したがって「解放令」反対一揆も）共通していると言う[37]。新政反対一揆は、農民が思想的に敗北したものとして、農民にとって誇るべき一揆ではなかった、と上杉氏は言うのである。

そこで思い出すのが、一揆から一年後、一揆勢に殺された官員の幽霊が現われたことだ。

「横田徐翁日記」（明治七年七月一一日条）によると、

……多々(田)羅村ニ哉、頃日暮合頃馬ヲ川入レニ牽引候処、右馬次而《ついで》川ニ不レ入故、大ニ鞭打追入レ不図《ふと》辺リヲ見候処、斬切髪《ざんぎり》ノ男亻《たたずみ》居リ一目見哉否身ノ毛立、気分悪敷成リ、兎哉角宿元ニ帰リ頓而《やがて》相果候由。右ハ去六月一揆ノ節小倉県ノ官員父子ヲ爰《ここ》ニ而一同ニ突殺シ候、其亡霊成ヘシトノ取沙汰也。右弥《いよいよ》実説成歟、未《いまだたしかならず》レ慥。

官員父子とあるのは誤りで、大蔵省検査権助中村義心とその従僕城所太郎（一七歳）で、二人は多々良川中洲で竹槍によって刺殺された（江島茂逸編「明治癸酉筑前一揆党民竹槍史談」）。

右の幽霊騒ぎに関連するのであろうが、地元松崎（多田羅村に隣接）ではその後、怪火がやむことなく、一揆犠牲者の祟りとみた地元の人々は、明治三〇年一〇月に盛大な慰霊祭を行った（大蔵省紙幣寮少属宮尾矯を含め三人がこの地で殺された）。

今日でも、三体地蔵尊と六地蔵尊とが安置されて、毎年七月一五日にお祭りを続けているということである[38]。「義民」を祭るどころではない。人々は一揆犠牲者の亡霊に恐れおののいていた。明治三〇年の慰霊を経てようやく怪火は止んだのである。

*三の内、初出にあった「穂波半太郎の人物像」を削除した。

注

（1）江島茂逸編「明治癸酉筑前一揆党民竹槍史談」（『部落解放史・ふくおか』第三号）には、例えば「三拾余万人の党民」（一七六頁）とあるが、これを一揆参加農民の実数と見なすと、明治四年当時の福岡県の人口三七万八三〇二人（『熾仁親王日記』）と比べて、いかにも過大である。もっとも四年一一月に旧秋月県の他、旧中津県管地・旧厳原県管地・旧伊万里県管地を合併しており、明治六年には右の人口よりは若干増えているようである（「凡ソ福岡全管……戸数八万七千有余、人員四十四万五千余口」――「大蔵大丞林友幸伺大蔵省宛」による。『近代部落史資料集成』第二巻、六〇七頁）。それにしても三十数万の参加とは誇大な数字だ。一揆後の被処刑者六万四〇〇〇弱からみて、全参加者は一〇万前後（史料⑫参照）と見るのが妥当かと思われる。

（2）当時、県庁は福岡城内にあった。史料⑨には六月二一日「県庁ヲ焼立候」とあるが、実際には、一揆勢は城内に進入して官舎を焼いたけれども、県庁舎そのものは破却されただけで焼かれていない。これは、たった一人で県庁にとどまった寺内正員（当時福岡県十二等出仕、明治九年には二等警部になる）が、とっさに焔硝の爆発の危険を説き、放火を止めさせたのだという（前掲「竹槍史談」九三頁）。しかし、城内が焼打ちにあったことの象徴的意味から言えば、県庁焼打ちと言っても誤りではなかろう。

（3）竹槍と蓆旗と言えば百姓一揆の代名詞のようなものである。その限りでは竹槍一揆は普通名詞と言うべきだが、しかし江島茂逸による前掲「竹槍史談」の編纂、あるいは伊東尾四郎による「竹槍騒動」（『福岡県史資料』第六輯）の呼称の採用を経て、今日では筑前竹槍一揆の名で定着している。以下、この呼称を用いる。

（4）上杉聰『「解放令」反対一揆としての筑前竹槍一揆」（『部落解放史・ふくおか』第四〇号）

（5）実は、この「はずがない」は、さらに根底的には、いわゆる部落の「政治起源説」によって、意識的にか、無意識的にかは別として、理論的に支えられていると思われる。これを逆に言うと、「政治起源説」――簡単に要約すると、幕藩権力による恣意的な部落設置が今日の部落差別の起源とする見方――に立つ限り、この論文の意図を理解してもらえないのではないか、あるいはそもそも「解放令」反対一揆なる概念も成立しないのではないか、という危惧を感じる。その意味で「政治起源説」批判にまで論旨を徹底せねばならないとも思われるが、この点は別の機会に譲りたい。

（6）「明治政覧」（『明治初年農民騒擾録』五〇七頁）による。他に関係史料は見出していない。

（7）上杉氏は、これを「時期的な、あるいは状況的な差」と見ている（前掲論文、『部落解放史・ふくおか』第四〇号、五六頁）。この点はさらに事例研究をふやして、究明すべき点である。思いつくままをあげても、部落の存在、部落差別の態様、周囲の一般村と部落との日常的関係、部落内の指導層の存在、「解放令」後の「平民化」要求、さらに、一般村が「解放令」をどう受け止めたか、などさまざまな条件がからみ合っていることが考えられる。

（8）加藤田平八郎は旧久留米藩の剣術家（指南役）。

（9）徴兵告諭（明治五年一一月二八日）の中で、徴兵の義務について「西人之ヲ称シテ血税ト云フ、其生血ヲ以テ国ニ報スルノ謂《いい》ナリ」と説明していた。

（10）小倉県では、次の布達を出して官民ぐるみで雨乞いをしている（明治六年八月三日）。事態の深刻さが知られよう。

当春来雨水乏敷、田畑根付ノ砌、下方迷惑不㆓大方㆒趣相聞候間、祈雨祭執行ノ末、潤雨有㆑之、猶其後モ数十日照続キ、旱魃ニテ追々干付田《ひつきた》有㆑之段届出、不㆓容易㆒事ニ付、当年ニ限リ持《（特）》別ノ訳ヲ以テ、尚又宇佐・英彦山両神社、各区郷社ニ於テ、二夜三日ノ間祈雨祭執行イタシ候条、此布告書相達次第早々其取斗《とりはからい》可㆑致候事

（但書以下略す）

また、「横田徐翁日記」（注15）によると、旱魃の深刻さが次のように具体的に記されている（明治六年七月二九日条）。

……今日ゟ雨打御祈禱始ル。郡中ゟノ頼歟、又ハ寸志成歟不㆑知。当年ハ一統稠敷《きびしき》旱魃ニ而、田ノ植付水モ無㆑之、大心配ニ而、兎哉角ト根付ハ致候得共、其後降雨無㆑之故何方モ大方ニ田ハ干付□。且又根付致シ不㆑居村抔モ有㆑之由ノ沙汰モ段々及㆑聞候。元来水払底ノ上ニ数日来ノ晴天故、当村ノ内ニ而モ水掛リ不㆑宜田ハ植付候儘《まま》ニ而、草取候事モ不㆓相成㆒、稲ゟモ却而《かえつて》草ノ方高ク成リ、田ハ真白ク干割レ居候由也。夫故米価高直《たかね》ニ成リ、人気モ鎮リ兼、万人後来ノ取続キニ心ヲ痛メ候事也。薩洲抔ハ一国中一反モ稲ハ植付ケ不㆑居由ノ風説、追々承ル。真偽如何ニ哉。先何ニシテモ、只今ノ通リ降雨於㆑無㆑之ハ、大凶年ニ相違無㆑之、偖モ可㆑恐事也。

「大蔵大丞林友幸伺大蔵省宛」（明治六年一一月）によると、福岡県全体で、「本年反別一万町歩余ノ旱損アリ」という（『近代部落史資料集成』第二巻、六〇七頁）。

（11）嘉穂郡庄内村大字高倉字上屋敷所在。祭神は大山祇命。明治六年一一月三日村社に定められる。氏子は約三〇戸。――『福岡県神社誌』上巻（昭和一九年一月三〇日発行）による。なお、嘉穂郡は明治二九年、嘉麻郡と穂波郡が合併して成立。

（12）～（14）拙稿「福岡県における『解放令』布達をめぐって」（『部落解放史・ふくおか』第三九号）

（15）福岡市博多区住吉神社宮司、横田豊氏蔵（旧那珂郡住吉村）。筆者は住吉神社の元神官で、明治六年には数え年七三歳。克明な日記を残しており、その史料価値は高い。ただし、明治四年九月までは被差別部落に関する記事はなく、「解放令」以後、社会問題化した部落問題に目を向け始めたことが分かる。

もっとも、穢れを忌む神官という職掌に従事してきたことと、高齢ゆえの頑固さもあって、また、彼の生きた時代は「差別」こそが法的に正しいものであった（「解放令」によって賤民制度が終わるまで）こともあって、筆者の部落・部落民を見る目は差別的である。

しかし、そのことが、他史料に見られない、部落・部

落民の生き生きとした姿を細部にわたって描き残すこともなったのである。部落外を見る場合には、筆者のまなざしはヒューマニズムにあふれているのであり、それゆえに「差別」という制度の残酷さも見てとれる。

　筆者はまさにルポ・ライターであり、得がたい同時代観察者である。伝聞は常にニュース・ソースが明らかにされる。その文章は簡潔で、論理的であり、時に詠嘆調にもなるが、ほとんど現代人の文章と見まごうばかりである。その文体は筆力に満ちていて、読ませる文章である。以下に必要な限りで抄録する。

(16) 拙稿（前掲）。

(17) 福岡藩では真宗自体が他宗派よりおとしめられていたと言われる。

　維新前後各宗にても、最も威勢の大なる天台・真言・浄土・禅宗等の寺々は、何れも由緒ありて其住職は中老《（家老クラス）》以上の格に準ぜられしも、独り真宗は度外視せられたるが、時勢の漸く困難に向ふや終に萬行寺を以て法綱とし、各宗の取締を命ぜらるゝに至った。是れ福岡藩に於ける未曾有の特待なりしを以て、自他宗共に其異数なるに感じ、頗る本宗の眉目を開いた。

（『七里和上言行録』一一頁）

七里和上は七里恒順（一八三五～一九〇〇）のことである。博多万行寺住職で、明治一三年から二年間程西本願寺執行を務めた。説法・教導に努めたことで知られる。七里は明治四年には、櫛田宮（現在、福岡市博多区櫛田神社）の標札（「僧侶不浄の輩入る可からず」）の除去を要求し、ついに実現したという。

　明治四年頃であつた。有栖川宮、福岡藩に下県せられた際偶《たまたま》萬行寺に近接せる櫛田宮に「僧侶不浄の輩入る可からず」と云ふ標札を掲げた。当時は廃仏毀釈の気焰が中々盛んで、こんな札を立てられたりすると、一層人心を煽動して穏かならぬ形勢である。それで和上は挺身して当時の県官と折衝往復して、標榜を撤去せしめられたことがある。これも護法の赤誠が溢れた行為であつた。

（『七里和上言行録』一八頁）

(18) 竹槍一揆後、明治六年一一月の家床地願によると、「当村之儀者四百余之戸数ニ而、人員千七百余御座候処」とある。竹槍一揆の際は「一時に三百九十戸も焼亡」したと書かれている（「棟屋文書」四八五、『近代部落史資料集成』第二巻、六〇六頁）。

「六百有余戸」は、前掲「竹槍史談」の説。

(19) ある座談会で、井元麟之《りんし》氏と松崎武俊氏の間で、次の対話がかわされている。

井元　一揆勢が金平村を焼かなかったということが、どうしても不思議なんです。金平村は、距離的に一つの空間があったんですかね。

松崎　なぜ、金平村を焼かなかったか、その点史料の上からはわからないですね。ただ、三ヵ村の内で金平村が一番農業従事者が多かったことにある種の関連があったかも知れません。

（座談会「近世、明治初期における堀口村」『部落解放史・ふくおか』第一三号）

(20) 日記には略称が記されている。この家族関係は次の通り。

徐翁
- ヨ（長女）
- ア（長男）＝ヲ
- 四（次男）
- 省（三男）

(21) 例えば、上杉聰氏は次のように言う（前掲論文）。

……早良郡の場合、襲われた被差別部落は一一ヵ村あるのですが、一〇ヵ村まで焼かれている、ということです（上杉氏は、全体では一八ヵ村での部落焼打ちを確認している——引用者）。しかも火をつけられなかった一村は、一般村と家屋が密着していたために類焼を恐れて手を出さなかった、という伝承を、谷村の黒松定心さんからうかがいました。……

先の金平村の例から言っても、この伝承はかなり真実に近いはずである。

また甘木地方にも焼打ちを免れた部落がある（本書四二頁参照）。

(22) 春吉は博多に隣接する郡部の村だが、下級士族が多く住んでいたので、一揆鎮圧に出動した士族への報復の意味があったかもしれない。ただし、噂だけで放火は実行されていない。

(23) 明治六年七月、一揆参加者を糾明するにあたり、県は特に次の八カ条について、嫌疑者を捜査すると明示したが、第三項で、放火されたのは「官舎幷旧穢多村」としており、このことからも、一般村が全く焼かれていないことは明らかである（ただし、表3の注参照）。

一　党民発頭之者
一　県庁幷官員居宅・布告掲示場幷人家共打崩シタルモノ
一　官舎幷旧穢多村等放火シタルモノ
一　デンシンキヲ断切シモノ
一　強盗・強姦ヲナシタルモノ
一　党民ニ誘引レ無レ拠《よんどころなく》同行シタルモノ
一　窃盗ヲナスモノ
一　党民ト知リツ、隠シ置モノ

（「福岡県布告」、今林文書、福岡県立図書館蔵複写本を利用）

(24) 明治四年一一月、中津県管地（旧中津藩領、筑前国怡土郡の内二八カ村）が福岡県に併合されるが、中津藩筑前領の「穢多」人口・戸数は、明治二年の調査で、

人高六百五十人　内　男　三百二十人
　　　　　　　　　　女　三百三十人

軒数百三十二軒

であった（『大分県史要』文化篇、『近代部落史資料集成』第一巻、四七〇頁）。

これを加えるだけで四〇〇〇軒弱となる。

(25) 本書四四頁参照。

(26) 紫村氏は「筑前竹槍一揆研究の視点」（『部落解放史・ふくおか』第二〇・二一合併号）では、「筑前竹槍一揆の目的が被差別部落の焼討ちにあったのではなく、焼討ち事件は偶発的に発生した事件であったことが明らか」と明快な断定を下している。

さらに「二〇日の堀口・辻両部落の焼討ち事件と、その後に発生した早良郡や夜須郡で起きた焼討ち事件とでは、その動機にかなりの相違があると思われる」として、前者は「一揆勢が県庁への突入を目前にした前日であり、情勢は逼迫して人心は極度に緊張し、混乱していた最中に発生した事件であった」と焼打ちの事情を判断している。

また後者についても、「早良郡以西における部落焼討ちは、西方勢が県庁を目前にしながら、鎮撫側の銃撃によって敗退する過程で起こった。それは多分に、銃撃されたことへの怒りと負けいくさへの腹いせに引き起こされたものと考えられ」る、と時期と場所の違いで焼打ち原因も違うという立場である。

これは私が、竹槍一揆における部落焼打ちを一揆の本質が露呈したもの、必然的な帰結と見るのとは、真っ向から食い違うが、たとえ紫村説の立場をとるとしても、「人心の極度の緊張」や「負けいくさへの腹いせ」が、なぜ部落焼打ちへと向かうのかという、民衆の心性のメカニズムの解明が残されるのではあるまいか。そして、この点にこそ、問題の本質が潜んでいると思われる。

(27) 神代文書（第一六《（怡土郡）》大区区長神代梓旧蔵）。福岡県立図書館蔵複写本を利用。

(28) 上杉氏前掲論文。

(29) 木下喜作氏のご教示を得た。

(30) ①「穢多従来通りのこと」（前掲「竹槍史談」）

②「皮多分者従前通取計事」（「十ノ小区調所日記」）

③「穢多平民区別ノ事」（「公文録」党民強願之大意）

④「農商者其業を務メ穢多ハ元之通御取扱相成度事」（「福岡県下暴動之儀ニ付御届」）

追記：本書一五四頁の要求書は後年の回想だが新出のものである。

⑤穢多此迄通の事（「筑前国暴民一揆略記」）
(31) 福岡県立図書館蔵。口供書および判決文を利用した。
(32)『部落』一九七一年八月、本書三八頁参照。同氏は史料を明示していないが、内容から同一事件と見て論じた。
(33) 堤啓次郎氏の竹槍一揆に対する見解は、私の立場にかなり近く、旧来の説を克服する方向に立つものとして歓迎したい（堤啓次郎「竹槍一揆」、「西日本新聞」昭和六〇年一一月一九日、連載「九州と日本社会の形成」第七七回）。

同氏は、竹槍一揆が、「要求が欠如ないし不明確であるかのよう」に見えるのは「新政全般に反対であるために、要求が多様であって、特定の要求にまとめることができないことの結果」とし、「旧体制への復帰要求」についても、それを士族の捏造《ねつぞう》とする立場をとらず、農民の「小生産者的性格」の限界に求めているのはうなずける見解である。

部落焼打ちについては、「農民は、封建的身分制支配の呪縛から解放されておらず、小生産者の意識に深くとらわれていた」と述べているが、これは〝農民の差別意識〟の暗喩とも読める。
(34) 旧暦八月一九日。放生会は旧暦八月一五日の神事。
(35)「公文録」（『近代部落史資料集成』第二巻、五六三頁）
(36)『部落解放史・ふくおか』創刊号。
(37) 上杉氏前掲論文。
(38) 多々良公民館長後藤周三氏の文による（「箱崎を語る会」第二集、昭和四五年）。

「解放令」反対一揆における民衆意識をめぐって

筑前竹槍一揆を例に

一　はじめに

一九八六年三月二七・二八の両日、岡山部落解放研究所主催による「解放令反対一揆シンポジウム(1)」が開催された。私は報告者の一人として、筑前竹槍一揆（明治六年六月）をテーマに報告した。

その際、「『解放令』から筑前竹槍一揆へ――部落焼打ちに至る必然的過程の検討(2)」と題した通り、私の意図は、明治四年の「解放令」施行と明治六年の筑前竹槍一揆とを一連の過程として考察することにあった。

従来の研究では、一揆の経過だけを追い、その中で士族や農民の意識を云々していたのであり、私から見ると、きわめて恣意的に出された見解が定説として疑われなかったのである。

一揆の要求書は数種類あるが、それは鎮圧に向かった士族がでっち上げたものとされていた。その中には「解放令」撤回要求も含むが、一揆が部落を焼いた事実と照らし合わせて、一揆参加者の意識が論じられることはなかった。

また、その部落焼打ちについても、士族ないしは一部の悪質な分子の扇動・挑発によるとされ、あるいは偶発的な事件で、一揆の本質とは無縁なものとする考えが支配的であった。

先のシンポジウム報告では、私は要求書に見える「解放令」撤回要求が民衆自身の要求であることを、「解放令」施行の実態を明らかにしつつ論じた。福岡県での「解放令」施行直後、明治四年一〇月に、被差別部落民が賤業拒否を申し合わせ、真宗寺院や農業日雇での差別待遇改善を要求するなど、「解放令」をテコにきわめて自覚的に行動したのに対し、博多の町では風呂屋・髪結・煮売店が仲間の申し合わせをタテに、部落民を客から閉め出す動きがあった。これは、町の人々が、部落民を客とした店には行かないと申し合わせたのを承けたもので、民衆が差別の構造にからめ取られている実情をよく示している。

もちろん、真宗寺院も差別の改善をサボり、これに対し、部落民は団結して参拝を拒否した。農村でも差別撤廃の要求に対しては、部落民への小作地をいっせいに引き上げようとする動きで応じた。

このように、明治四年以降、「解放令」への抵抗は民衆自身の欲求だったのであり、一揆要求書に見える「解放令」撤回要求は、一揆の要求そのものと見なして差しつかえないし、むしろそう見るべきなのである。

シンポジウムの報告で私が論じ残したのは、この「解放令」撤回要求が、他の新政反対の諸要求とどう関連するかという点である。結論から言えば、私は筑前竹槍一揆の数種類の要求書はいずれも農民（むしろ民衆と言うべきか）の要求を反映していると見る。

そのことを、再び、明治四年の段階にまでさかのぼって検討したいと思う。その上で、民衆意識の論理を提示することが、本稿の目的である。

まず、筑前竹槍一揆について包括的な研究を発表した三人の論者につき、その主張を整理しておきたい。松崎武俊、紫村一重、新藤東洋男の各氏の論文を取り上げる。

いずれも、「世直し一揆」と見る立場で共通している。その理論的背景は何だろうか。

二　「世直し一揆」説の論理を疑う

精力的に史料を収集・整理され、筑前竹槍一揆の研究に大きな基礎を築いた松崎武俊氏は、「部落史の問題点など」[3]（一九七四年）、「明治六年筑前竹槍一揆と部落」[4]（一九七五年）では、「えた狩り」、「えた征伐」とする理解を示し、全国的な「解放令」反対一揆との関連の中に筑前竹槍一揆を位置づけようとしている。しかし、一揆の具体的な経緯については「反権力闘争化」とも述べており、「えた征伐」と「反権力闘争」を同居させた理解となっている。一揆の要求書については、「党民の要求に、旧武士団の要求をも取り混ぜて纏めた」ものとし、各条項を検討しても「旧武士団の要求か、一揆党民の要求か、判然としない」とされている。このことは、松崎氏がのちに見解を変える伏線となってていはしないだろうか。

「『筑前竹槍一揆』と堀口村」[5]（一九七八年）では、松崎氏の「えた征伐」とする見解は一変し、「この『筑前竹槍一揆』による『焼き打ち』事件は、他の部落解放『反対』迫害事件と同一視できないものがある」と、「えた征伐」説を明確に否定するに至る（『部落解放史発掘』の「解説」を参照）。

一揆を「明治新政府にたいする『反権力闘争』」とする見方は続いており、さらに発展させた形で「農民一揆というよりも『世直し一揆』」と、一揆の意義を高く評価する方向に、松崎氏は自説を修正した。

その背景には、松崎氏が根拠とした三つの「事実」があったと考えられる。

(1)　『騒擾一件』（法務省図書館蔵の筑前竹槍一揆関係書類）の分析により、「旧福岡県下一三〇余か所の部落のほとんどが、『一戸一人』の割で参加し[6]（目下集計中）、一揆鎮静後、他の農民と共に処罰を受け」たという結論を得たこと。

(2) 農民中心の一揆から、「漁民・商民あるいは鎮撫隊員として徴募されていた下級士族」も参加し、一揆の構成に変化が起こったこと。

(3) 一揆の終結後、放火罪に問われたのが三八人にしかすぎず、総数六万余の被処罰者の中では「極く一部」で、部落焼打ちは「頑迷固陋な『差別者』によって決行された」こと。

いずれも重要な指摘で、今後も事実の認定、評価をめぐって論議の分かれる点であろう（私が本稿で、農民を含めて、より広汎な民衆意識を問題にしたのも、この点に起因する）。ただ、ここでの関心はこれらとは別のところにあるので、これ以上の論議は差しひかえたい。

問題は、この場合も、一揆の要求書について「無責任に放言する一部党民の声に、旧武士団の要求をも含めた数項目」とする見解が維持されていることだ。要求書から旧武士団の要求と見られるものを取り除いても、残りは「放言」にすぎないとすれば、一揆の目的は雲散霧消してしまって、一揆の歴史的意義を追求する手段は失われる。何よりも、多くの人が要求書を書き残したという事実が、まず重んじられねばならぬのではなかろうか。

次に、紫村一重氏の説を見よう。紫村氏は「松崎武俊論文の視点と問題点」と副題をつけた「筑前竹槍一揆研究の視点」(7)（一九八〇年）の中で、松崎氏と論議をかわした結果、「大筋において一致した意見は、それは『反権力闘争』であり、言うならば『世直し』であるという認識であった」と述べている。

とは言え、紫村氏は、松崎氏よりも一揆の意義をはるかに高く評価し、「百姓自らの要求を、自らの力で闘い取ろうとしたところに、意識の変化を見る」と、封建社会の痕跡を払拭し、自覚的に成長する農民像を描くのである。一種の、徹底した「人民闘争史観」の立場に、紫村氏は身を置いているのであろう。

部落焼打ちについて紫村氏はこう述べる。

(1)……偶発的とはいいながら被差別部落焼討ち事件を惹起したことは、この歴史的な一揆に一大汚点を残すことになった。

(2)ここで私の見解を結論的に述べると、部落焼討ち事件は一揆の一大汚点であり、許すべからざる残虐な行為であったが、それは偶発的に発生した事件であり、それ自体が一揆の直接の目的ではなかったということである。……

(3)夜須郡下における部落焼討ち事件は……士族らの策謀によると考えられなくもない。筆者の見解では、この機に及んで本村の百姓衆が、自らの意志で部落を焼き払わねばならぬという理由はなかったと思われるからである。

紫村氏の立場は明らかであると言えよう。部落焼打ちを一揆の本質が露呈したものと考える私の見解とは真っ向から対立する。

この点は、要求書の評価にもあらわれる。紫村氏は、一揆に参加した民衆に差別意識を認めないのであるから、「これが百姓衆の要求だろうかと首をかしげたくなるものもある」、「いわゆる『結党趣意書』とか『嘆願書』とかいわれるものは、一揆勢の意志で決定されたものではなかったといえるだろう」と、要求書自体が全面否定されるのである。

それにしては「さらに注目すべき一点は、それらの類書中には『穢多云々』の一項目がないものもあることである」と強調するのは、先の全面否定説と矛盾するようにも思われるがどうだろうか。それとも「解放令」撤回要求を含まぬ場合だけ、一揆の要求と見なすというのだろうか。

紫村氏は、民衆が「新政」に反対した事実すら認めない。むしろ幕藩制社会よりは、新政府の政策に期待していたとする。新政府に対し、さらに進歩的な方向で「反権力闘争」を闘ったとされるのであろう。紫村氏の

「世直し」一揆説の根拠の深いところに、この歴史観があると、私は考える。

これらの一連の政策は、封建制下における生かさず殺さず式の農民収奪政策とくらべると、百姓に与えた印象は、たしかに世の中は変わったという印象を強くしたにちがいない。同時に、あまりにも目まぐるしく激変する情勢についていけずに、多分にとまどいと不安を感じながらも、その裏にかすかな希望と期待感があったと思われる。

こうした民衆像のもとでは、「解放令」反対一揆も、新政反対一揆も、内在的な論理を把握することはほとんど不可能であろう。

松崎氏と同じく、紫村氏も多数の町人が参加した事実を指摘し、「この一揆は単なる百姓一揆ではな」いと述べているが、この点は今後の課題として、先へ進もう。

新藤東洋男氏も『部落解放運動の史的展開』(一九八一年)の第一章「明治維新期の農民一揆と部落問題――『解放令反対一揆』の評価をめぐって」[8](初出は一九七七年)の中で、筑前竹槍一揆について「世直し一揆」説を提出している。

……明治維新にかけた期待を裏切られた農民たちが新政府反対をさけんでたたかわれたのであった。それは「世直し」一揆としての性格を充分に備えての農民一揆であった。……

「新政」反対が「新政府」反対へとスリカエられているかと思われるが、新藤氏の理論的前提がそれを可能にする。「支配機構末端にくみこまれた区長・戸長などの村吏宅、村役場を襲撃し、掲示場・制札場を破壊し、学校を焼き払い、県庁を襲った行為」が〝天皇制そのものを拒否するたたかい〟と評価されるのも同根である。私に言わせれば、新藤氏は天皇制を過大に評価している。ホメすぎである。後述するように、この時期、民衆は天皇制を全く問題にしていない。

この三つの一揆〔豊後四郡一揆・筑前竹槍一揆・阿蘇一揆をさす――石瀧〕はいずれも明治絶対主義政権に対するたたかいであり、権力の末端機構に対する攻撃は、絶対主義権力の基盤を揺り動かすものであった。これは「古典的絶対主義」ともいえる維新政権に対するたたかいであり、反封建闘争の性格をもつ「世直し」一揆であったととらえることが出来るし、貧農・半プロ層がその主体勢力になってのたたかいであったのである。

新藤氏の場合、明治政府を絶対主義政権とする規定がまずあって、そこから、政府への反対が「反封建」の意味を持つこととなり、「『社会変革』へのめざましいたたかいであった」と手ばなしの讃辞が寄せられもする。「反封建」の位置づけは、紫村氏の場合も同様であった。

では、新藤氏は「解放令」撤回要求を、さらには部落焼打ちをどう評価するのであろうか。

実は、この点、お手軽にきめつけているとしか私には思えない。

〔要求について〕

(1) ……年貢・暦・地券・官林の問題を除くと士族たちの要求としての色彩が強い。……〔表6「筑前竹槍一揆の要求の整理」①の要求項目について論じたもの〕

(2) ……この要求書こそは旧藩士黒田播磨らの要求を中心にまとめたものであった感が深く……〔「党民強訴

表6　筑前竹槍一揆の要求の整理

	史料番号	①	②	③	④	⑤	⑥	⑦	8	9
	旧知事帰国	○	○	○	○	◎	○	○	○	○
年貢	1か年半高				○					
	3か年半高		○			◎				
	5か年半納（残り半高は神社用）									○
	7か年半税						○	○		
	半高								○	
	3か年延納	○								
	3か年徳畝			○						
	畑税大豆納を米納に								○	
	藪銭廃止				○					
	諸運上従前通									○
	藩札従来通			○						
	山の札廃止				○					
	官林切払・払下中止	○	○			◎			○	
身分	旧知事と黒田播磨らの執政							○	}○	
	士族卒の復活	○	○		○		○	○		
	（禄の復活）						(○)			
	他県出身県官の廃止	○	○				○	○		
	穢多従来通			○	○		○		○	
欧化	西洋風や社寺合併の廃止								○	
	旧暦復活	○	○	○			○	○	○	
	地券の廃止	○	○					○		
	学校・徴兵・地券廃止			○						
	散髪廃止							○		
	伝信機廃止							○		
	牛肉店廃止									○

（出典）①～⑦は上杉聰「『解放令』反対一揆としての筑前竹槍一揆」（『部落解放史・ふくおか』第40号，49頁）による。
①「新聞雑誌」113，②「公文録」，③江島茂逸『筑前一揆党民竹槍史談』，④「十ノ小区調所日記」，⑤～⑦「公文録」
8，9は本稿に引く（本書44，31頁）。
8　佐賀県から参議大隈重信宛報告
9　「横田徐翁日記」
（注）◎は一揆要求の主要3カ条とされているもの。項目の配列は原文のままではない。

ノ大意」を引いて。ただし、これは表6⑥⑦を合併して一部を脱落したものであることが上杉聰氏によって明らかにされ、(9)史料価値を失った）

(3) ……この筑前竹槍一揆の中には多くの不平士族が含まれており、その要求書は、これらの不平士族の要求を主軸にまとめられたということができるであろう。……

〔部落焼打ちについて〕

(1) 部落への放火はごく一部のもののそそのかしによる行為であり……

(2) 以上の検討によって官側資料にのせられている「筑前竹槍一揆」の要求書は、一揆に参加していた不平士族が自己の要求を充分にもりこんで積極的に書いていった事情を知ることが出来るし、部落焼打ちの事態もこれらの士族とのかかわりあいが多分にあったことが考えられる。

(3) ……一部の扇動による「部落襲撃」問題が発生したとも考えられる。

新藤氏は(2)と(3)では慎重に断定を避けているが、読む者には、士族が「解放令」撤回を要求し、士族が部落焼打ちを指示したとしか思えないであろう。

農民は反封建的であり、士族は封建的であるという図式が新藤氏の頭には確固としてある。農民の中にも封建的な人があろうし、士族の中にも反封建的な人はいるのが現実というものである。「封建制は親の仇でござる」と武士出身の福沢諭吉が言ったのを思い出す。

……一揆に参加した士族たちの中には、「封建制」へ復帰してかつての「祿」を回復していこうとするものも多かった。一揆要求書の中にある士族の要求であった「旧知事様御帰国之事」、「旧知事県令ニ被仰付候（度）事」、「先知事公帰藩之事」とするものは、単に新政に反対する余りかつての旧藩主に対する思慕からきているといったようなものではなかった。……

つまり、戦術的に封建制復帰を主張しているのでなく、士族というのは本質的に根っからそうなのだ、と言いたいのだろうか。

私は、そのこと自体を一概に否定するわけではない。たとえば、次の新聞記事に見るように、士族の中には「復禄」の要求は根強いものがあった。しかし、だからといって具体的な検証を抜きに、個々の士族をそうだ、と断定するわけにはいかないだろう。

○旧久留米藩にて廃禄になりし者千三百九十七名より、去る明治六年六月以来再三復禄の歎願をなし、近年は其の儘となり居たる処、昨今又々数百名連署して県庁へ出願し、若し御採用にならず《ば》は出京して直ちに其筋へ願ひ出づべしと相談し居るよし。

（「朝野新聞」明治一三年九月四日、雑報）

期せずして、明治六年六月である。もちろん、これは筑後久留米で、この時期はまだ福岡県には含まれていない。しかし、このように自ら連署嘆願するという方途も開けているわけだから、なおさら、仮に福岡の士族団が復禄の期待を持っていたとしても、それを百姓一揆の要求にもぐり込ませねばならぬ必然性はなくなるのではないか。

以上、松崎武俊、紫村一重、新藤東洋男氏らの所説を分析しながら、筑前竹槍一揆＝「世直し一揆」説の論理をたどった。

本稿での目的ではないから、一々史料をあげて反論しなかったが、総じて、あまりにも安易に士族を引合いに出していると言えよう。その根本的な理由は、「一揆の要求が、こんな封建制復帰の意味を含むはずがない。きっと士族がでっちあげたんだ」という仮説を、初めから研究の前提に置いているからである。

池田敬正氏はかつて「解放令」の研究史を整理した際、「解放令」反対一揆について次のように述べたことがある。

……いずれにしろこれらの一揆が、全体として新政府の諸政策にたいする農民の不満が基底にありながらも、解放令反対という反動的形態をとったのは、一方での村落支配者層の主導とそれに一般農民層の差別感情を蝕発したことも否定できない。このような事実関係をあきらかにするとともに、当時の農民層が全体としてもった反封建的性格の具体相をあきらかにしていく必要があろう。

（池田敬正「解放令研究の前進のために」、『部落問題研究』第四九・五〇輯、一九七六年）

問題の焦点は「当時の農民層が全体としてもった反封建的性格」をア・プリオリに前提してよいか、ということにある。もちろん「ア・プリオリ」と言うのは、池田氏にとって酷で、池田氏においても明治政府を絶対主義政権とする歴史認識が根底にあり、それとの関係で農民「反封建」説が出てくるわけだが、ただ、これが一揆の具体的な検討の場で、ア・プリオリな前提となり、分析に機械的に適用されるから、困るのである。

新藤東洋男氏が、筑前竹槍一揆の要求を安易に「士族の要求」と断じるのも、農民の「反封建的性格」を前提（つまり公理）とし、そこから演繹的に、封建的性格を含む農民要求をすべて「士族の要求」として振り分けていくのだと考えられる。

私の見解では、少なくとも筑前竹槍一揆に参加した、旧福岡藩領の農民に関して言えば、一般的に「封建制恋慕」の傾向を持っていたことは事実である。

新藤氏は「旧知事」帰国要求を、士族の要求と信じて疑わないけれども、次節では、この点を史実の中に具体的にさぐってみようと思う。「旧知事」帰国を民衆自身が切望していたのである。それをどう評価するかはさておき、事実はそうであった。

三　旧藩主へのラブコール

表6「筑前竹槍一揆の要求の整理」に見る通り、旧知事帰国要求はどの要求書にも共通してあらわれる。今、この部分だけ、原文のまま抜き出してみよう。

①　旧知事ヲ返スコト（第一項）
②　旧知事ヲ迎ヒ（第一項）
③　知事様御帰国、黒田県のこと（第二項）
④　先知事公帰藩之事（第一項）
⑤　旧知事ヲ返ス事（第一項）
⑥　旧知事、県令ニ被仰付度事（第二項）
⑦　旧知事様御帰国之事（第二項）
8　旧知事公御帰国之上御政事被下度事（第一項）
9　御先公様ヲ従前ノ通御入国（第一項）

表現はさまざまだが、すべて第一項か第二項である。順序に意味があるかどうかは問題だが、無視すべきでもないだろう。

これより先、明治四年七月の廃藩置県にともない、旧藩主とその家族はすべて東京に移住することを命ぜられた。この前後、福岡県では、旧藩主引きとめ運動が起こった。士族ではなく、民衆の間にである。筑前竹槍一揆の旧藩主呼びもどしに対応するものであり、この一事だけ見ても、「旧知事（藩主）帰国要求」が民衆意識に根ざしたものであったことは明らかである。以下、この間の経緯に詳しい『維新雑誌』(10)をもとにたどってみよう。

(1) 七月二日、福岡藩贋札事件の責めを受け、知藩事黒田長知は免官、在京のまま四〇日の閉門を命ぜられた。次いで一〇日、新知事有栖川宮熾仁が着任、長知の父長溥らは福岡城を退去し、旧家老の浜屋敷に入って謹慎した。

旧藩主一家が残らず東京へ移住するとの噂が流れ、七月下旬になると、郡々百姓から順次引きとめ嘆願書が出されてきた。「是迄之通何卒御国表江御住居被《あら》レ為《せられ》レ在候様、此段奉二歎願一候」と言い、在国の生活費一切は「私共臨米（臨時の切立の意か）を以致上（納脱カ）候」とまで主張している。そのために、年貢負担を怠るようなことはしない――「勿論御年貢其外諸納銀等ハ従前之通ニ聊無二遅滞一上納仕候ニ付」――と、農民は嘆願書の中に書いたのである。「殿様に迷惑はかけませんから」というわけだ。

(2) 志摩郡の農民は筥崎宮へ、両粕屋郡からは愛宕社へ、それぞれ旧藩主引きとめの集団祈願が盛んに行われた。そのため、両者が行違う福岡・博多の町筋はたいへんな混雑になった。長溥が、浜屋敷から遠目鏡《とおめがね》で箱崎浜を見たところ、「夥敷百姓群集之体」であったという。博多は櫛田宮に集まって祈願した。『維新雑誌』の著者は、「是非旧知事公御再職無レ之而ハ、いかに朝威を輝し加ふとも、四民之服従ハ無二覚束一事之様ニ相見候也」と感想を書きとめている。

(3) 七月二二日、大早飛脚が廃藩置県の詔書を福岡にもたらし、情勢はまたもや一変した。旧藩主は家族ともども東京への移住を命ぜられたからである。「右之通之御変革ニ相成候故、最早天下之士気如何之方向ニ可二相成一哉、必定此末ハ国々一揆蜂起して夫ゟ事を釣出候様ニ被二相考一候」と、著者は危機感を募らせた。

(4) 八月になると、郡町浦（ということは農民・町人・漁民）から、県庁に再び嘆願書が出され始めた。「何卒御家族様共御一門、御国内御住居被レ為レ在候様」との内容であった。

八月九日、表粕屋郡二八カ村の庄屋が県庁に押しかけ、嘆願する騒ぎとなり、翌一〇日、これらの人たちを少林寺に集めて、大参事が説得した。「御座所之御普請をはしめ年々之御入費共一切御国中ニ而相受持」ますから、つまりは「県庁へは負担をかけないのだから、聞届けてくれてもいいじゃないか」というのが農民の理屈であった。

一三日は福博両市中、一四〜一六日は郡々浦々に権大参事が出向いて説得に当たった。

(5) 八月二三日、長溥以下黒田家の一族、および旧秋月藩主家（支藩黒田家）の人々が、蒸気船環瀛丸《かんえいまる》で東上するのを見送りのため、「浜手ハ一面ニ士族卒平民ニ至迄所せき(ま脱カ)迄群集をなし」、発艦まで別れを惜しんだのであった。こうして、旧藩主引きとめ運動は幕を下ろした。

旧藩主引きとめ運動が、明治四年七、八月には、民衆の自発的意志の下に行われたのであるから、二年後の筑前竹槍一揆の要求書に見える「旧知事帰国要求」も、これを農民の要求でないとする根拠は失われたと言ってよい。

もう一つ、「横田徐翁日記[11]」から、関係する部分を引こう。『維新雑誌』に見える、県官の説得工作を裏付けるものである。

明治四年八月一三日

……今日、郡役処江郡々大庄屋・村庄屋幷村々惣百姓代一人宛呼出シ、当村ゟハ隣ノ安平出方。旧知事様ノ御事ニ付、百姓共ゟ色々願出候事不レ宜、以来集会等不レ致様ニとの達ノ由也。右大意也。定而細々ノ諭シ為レ有レ之なるへし。其段ハ不レ分。

四　廃藩置県後の年貢サボ

明治六年六月の筑前竹槍一揆の要求は、年貢半納の要求を除けば、そのすべてが新政府の改革（文明開化政策）への反対を意味していた（表6「筑前竹槍一揆の要求の整理」参照）。従来の論者は、要求書そのものを疑う傾向があった。もちろん、史料批判は厳密にやらねばならぬが、「全てを疑う」のも史料批判からはほど遠い態度と言わねばなるまい。要求書は士族がデッチあげたものとする従来の説に配慮し、ここでは、士族の手を介在せずに書き止められた、一揆の要求内容を見ておこう。

……偖又《さてまた》一揆ノ願意ハ、先第一御先公（黒田長知）様ヲ従前ノ通御入国、年貢五ヶ年ノ間半納ニ被二成下一度、残リ半高ヲ以旧社ノ神用ニ可レ用、諸運上ヲ以前来ノ通ニ被二成下一度、牛肉店ヲ被レ廃度、此外、以上八ヶ条ノ願ノ由也。右願書ハ後日可二写取一。……右願書ニ当村（住吉）ハ不二相加一旨申答候由。其末何ト共可レ納ニ哉《おさまるべきにや》……

（「横田徐翁日記」明治四年六月二三日条。これは表6の史料番号9にあたる）

牛肉店廃止要求は、他の要求書には見られないものである。また、一揆が願書を回覧し、一揆への参加を勧誘したかに受け取れる記述があるが、これもここでしか知られない事実である。筆者徐翁は、六月二〇日、被差別部落焼打ちの事実を記し、彼自身見物にも行ったが、この日の日記には「解放令」撤回要求については記していない。

また、六月二四日付で、佐賀県から大隈重信へ宛て出された「福岡県下暴動之儀ニ付御届」も、作為する必然性がないから、史料としての価値は高い。「黒田播磨（旧藩大老）説諭之砌左之条々申立候由」として、次の八カ条を挙げる。

【（杉谷昭「佐賀の乱覚書」所収、『日本歴史』第八七号、一九五五年。これは表6の史料番号8にあたる）▼略―本書四四頁引用に同じ】

これによると、第四項は馬草山の保全で農民の暮らしに重要なもの。第二・五[12]・六・八項も、農民自身の発意と十分考えられる内容である。第七項は「解放令」反対の要求だが、これについては、すでに別稿（本書収録の「筑前竹槍一揆と『解放令』」。なお、八五頁注1、2参照）で、農民の要求であることを明らかにした。問題は第一・三項だが、これが当時の民衆の論理とどう結びつくのか、を次に取り上げることにしたい。

福岡藩では、すでに見た通り、明治四年七月一四日の廃藩置県よりわずかに早く、贋札事件の責任を問われた知藩事黒田長知が解任され、後任として七月二日、有栖川宮熾仁親王が知藩事の宣下《せんげ》を受けた。廃藩以後は有栖川宮がそのまま県知事となり、同年一一月二五日、福岡県令に任ぜられた。この月、福岡県は、旧福岡藩領に加え、旧秋月藩領他を吸収合併し、福岡県域は筑前一国と重なることとなる。

以下、明治四年、福岡県で起こった年貢不納運動――まさにサボタージュである――について述べるが、まず有栖川宮日記をひもとくことにしよう。

〔明治四年一二月〕
廿八日陰雨
一休暇、
一水野権参事御用談ニ付入来之事、
　但、上坐・下坐両郡貢米未納延引之廉《かど》、幷ニ同郡中ニ、旧藩札贋造之者在之、捜索従聴訟課《ちょうしょうかより》壹員差立
　之事、
（『熾仁親王日記』㈠五〇七頁。「続日本史籍協会叢書」一九）

上座・下座両郡で年貢未納の動きが出ていることが短く記されているだけで、県令有栖川宮の対応ぶりは、ここではうかがい知れない。しかし、事態はかなり深刻なものであった。

福岡藩の旧庄屋の家に伝わる「村役人心得」[13]によると、九月に「永蔵《ながくら》初津出し」が行われることになっている。永蔵は福岡藩の年貢の集荷地の一つで、たとえ時節遅れの年であっても、九月中に、少々の俵数なりとも津出し（年貢米を村から永蔵まで送り出すこと）しなければならない定めである。一二月末に至っても年貢未納というのは、旧藩時代の常識からすれば、ありうべからざることだったのである。

年貢サボタージュは、どの程度の規模で行われたのであろうか。次に当時の世相を語る史料を二点取り上げてみる。

一、県政と相成、黒田公御東移之事件郡々小前之もの共大不服、殊ニハ遠《遠賀》・鞍《鞍手》・嘉《嘉麻》・穂《穂波》之郡内大ニ不穏、所々江張紙等いたし、年貢上納之儀大庄屋・小庄屋ゟ及二催促一候得共、兎角百姓不服ニて様々申立候故、役員追々出張種々説得弁解等有レ之候よし、其末頭立《かしらだち》候者四、五人被二召捕一福岡江連越ニ相成候沙汰致候。何様当年貢是迄之通各皆済《かいさい》之儀ハ甚無二覚束一風聞有レ之、実ニ当十月末ゟ十一月初旬頃迄津出盛之節ニ、御

永蔵等至而物静ニ而何之模様も無レ之候処、十二月ニ至漸津出賑々敷《にぎにぎしく》相成、郡々も承服いたし哉と被二相考一候。乍レ併統《すべて》而郡々米券買調上納相仕廻候趣ニ而現米上納ハ至而無レ少相聞、年貢立用之米券三拾万俵ニも及たるよし。一体ヶ様ニ百姓不服を生し候而ハ曾而御由断《ママ》不二相成一候。県官之向々深く心を被レ用御仁恤《ごじんじゆつ》之御政体ニ不レ基候而ハ足元ゟ火之出る様なる事有間敷とハ難レ申事情ニ相聞候事。

（『維新雑誌』巻一三・一四合冊）

偖又《さてまた》当秋拾五郡共ニ確乎と為二申合一事ニ哉、其儀ハ未詳候得共、郡々村々未《いまだ》年貢ヲ不二相納一。尤村蔵迄ハ少々為レ納者モ有レ之由。一俵モ不レ納者モ有レ之。遠賀・鞍手ノ両郡ゟハ半上納いたし、半高丈ケハ村々江囲ヒ可レ置申出居候抔、或者《あるいは》志摩郡ゟ少々津出候処、俵拵へ不レ宜迚《とて》受取ニ不レ成し処、直ニ持帰り、以後再ヒ不レ及二津出一由。此事件ニ付而モ色々ノ沙汰専也。十月も最早下旬ニ及候得共、当村抔未一度モ津出ノ沙汰ヲ不レ及レ聞候。遠国ノ事ハ不レ知、近国ハ同様年貢納不レ運抔ノ風聞有レ之。畢竟《ひつきよう》此末何ト共相成事ニ哉。

（「横田徐翁日記」明治四年一〇月二一日条）

横田徐翁は、博多に隣接する住吉村の住吉神社の元神官。彼自身は年貢を納入する立場にはなかったが、村の人々に目を配りながら見聞を記している。いずれの史料も信憑性は高く、相互に補い合う内容を持っていると言えるだろう。

右の二史料に見る通り、年貢不納は福岡県全体（筑前一五郡）に及んでいるのであり、近国も同一歩調をとっているという噂が流れていた。近国と言えば、豊前、豊後、筑後、肥前だが、私はこれらについて年貢不納の動きを具体的にはつかむに至っていない。

主謀者四、五人を捕縛というのは事実らしい（関係史料は後出）。小前百姓を中心とした動きが広がったもののようだが、村蔵まで納めても津出しをしないというのは、庄屋クラスにも同調者のあったことをうかがわせる。半高だけ上納した村もあり、これなど、一年半後の筑前竹槍一揆の際に出てくる年貢半減要求を予感させるもので、注目すべき点である。何のことはない、一揆要求の年貢半減を彼らはすでに自ら経験済みであったのだ。

　貢納に応じた場合でも、米券が三〇万俵にも及んだという。総高何万俵かは正確には不明(14)だが、少なくとも現米三〇万俵積み上げるはずのところが、紙切れしか集まってこなかったのである。旧藩当時、遠隔地から米俵を運ぶのが困難な場合は、米券（御切米指紙《さしがみ》）で立替える方法があった。しかし、先の「村役人心得」によると、容易に許可されないものとされている。米券立用の動きは、県の催促に対し、村々が面従腹背で応じたという意味があろう。封建社会にあっては、ほとんど起こり得べからざる事態が、深く静かな伏流となり出現していたのである。

　突然の年貢不納の動きに、県の役人があわてふためいた様は、県の布達にもうかがわれる。

(1)〇本月二日、郡中所々江無レ謂《いわれなき》張紙いたし候旨、追々人注進候。早速廻村遂二吟味一、已後之心得共厚村役百姓中江も相施置候旨申出、知事様江も寄特之儀ニ被二思召上一候。今後弥《いよいよ》厳重心得候様可二相達一旨ニ付、可レ得二其意一、同《ママ》相達候也。

未(明治四年)十月十二日　　郡政懸

遠鞍大庄屋中

(2)御納方時節ニ至、為二便利一明廿四日ゟ中出蔵《なかだしくら》江出張致候条、其心得、御納方ニ掛ル儀ハ悉皆《しっかい》同所江差出候様、至急村々江可二相達一候。然者《しからば》近来天気合等寄《より》上納方不二博取一歟《はかどらざるか》ニ相聞候得共、例年之通村々一統勉強《ママ》いたし先を争ひ速ニ皆済致候様、其方共初、村役ゟ望(浅カ)なく諭達可レ被二取斗一《とりはからわるべく》候。此段相達候也。

郡政懸リ

十月廿三日　遠鞍大庄屋中へ

(3)〇十月五日、於史官月番ニ左之御書付弐通横川少書記ヲ以被相渡候事

今般[*15]廃藩ニ付、各地方ニ於テ奸民共徒党ヲ結ヒ、陽ニ旧知事惜別ヲ名トシ、恣《ほしいまま》ニ人家ヲ毀焚シ、或ハ財物ヲ掠奪候等ノ暴動ニ及ヒ候モノ、往々可有之趣相聞へ、朝旨ヲ蔑視シ、国憲ヲ違犯シ候次第、其罪不軽候条、管内厳粛ニ取締、即決処置懲誡ヲ可加候。万一手余リ候節ハ所在鎮台へ申出臨機ノ措置ニ可及候事。

辛未十月五《ママ》日　太政官

（「宮崎氏石炭史料四、御布告書写（上）[16]」一八、二四〜二六丁）

張紙が出され、県の役人が回村、吟味を遂げたというのは、おそらく『維新雑誌』に言う「頭立《かしらだち》候者四、五人被㆓召捕㆒」と、同一の事件であろう。貢納の遅れを天気のせいにしてツジツマを合わせようとする郡政懸の布達は滑稽ですらあるが、県官の頭には、何とか穏便に「足元ゟ火之出る様なる事」を避けようと、おそらく必死の説得しか策がなかったのである。

この年貢不納事件がどのように収拾されていくのか、具体的にはつかめないが、次の記述から見て、翌五年の県財政にも大きな打撃となっていることがうかがわれる。

当季ノ切米《きりまい》不㆑渡段達ニ付、士族・卒共大ニ不平ニ而卒ゟ四千人斗《ばか》り為㆓会議㆒寺々江籠候旨県庁江届出候由ノ処、暫ク相見合せ候様達候由也。偖《さて》々《さて》勇《ゆ》々《ゆ》敷《しき》次第共ニ候。

（「横田徐翁日記」明治五年五月一一日条）

家禄奉還制度の廃止は明治八年のことで、金禄公債を支給する秩禄処分が実施された。それまでは士族・卒

への現米支給が維持されていたので、卒四〇〇〇人のストライキの動きは、前年末の年貢不納により県庫の米が払底し、現実に切米支給が不可能になったことを承けたものと見ることができるだろう。県政への大打撃であったことは疑えない。

ところで、この事件はどう評価すべきだろうか。村々がいっせいに年貢納入をサボタージュするという内容からして、その財政にいまだ封建的性格を残していた新生明治国家にとっても、国家財政の根幹をゆるがしかねない、大きな意味を持っていたはずである。

これこそ、農民の「反封建的性格」を端的に示すものだ、という評価も可能であろう。しかし、私はその説をとらない。むしろ反対に、この事件こそ、農民（むしろ民衆一般と言ってよいと思うが）の意識がいかに封建社会に深いところでとらわれていたかを明らかにしているのである。

先に引用した『維新雑誌』の冒頭には、廃藩置県後、旧藩主黒田家の東京移住が、小前百姓の不穏な動きを生み、それが年貢不納へと発展していったことが読みとれるが、まさに年貢を納むべき相手（領主）の不在が、自然発生的に起こった、一県規模での年貢不納の要因であった。

つまり、農民は封建領主との〝契約〟によって年貢を納めていたのであって、領主が東京に移った以上、新置の福岡県に年貢を納めねばならぬ筋合いはない、という論理の下に行動しただけなのである。福岡県でも、旧藩主東上に農民は「引きとめ」の動きを見せていたし、こののち、竹槍一揆の際に「旧藩主呼びもどし」の要求が出てくる。右のように考える時、明治四〜六年の民衆意識の実相が初めて矛盾なく想定できると言えよう。「解放令」反対一揆について言えば、「解放令」反対の要求も、一揆過程での部落焼打ちも、封建制社会での身分意識の延長上に現われた、と解釈することができる（池田敬正氏の場合とは逆に――）。

年貢不納の思想的意味を右のように分析する時、この時期、太政官政府――ひいては天皇制が――民衆にとっていかに無力な存在であったかということも明らかになる。なぜなら、当時の県知事は天皇の権威を直接に代表し得る有栖川宮だったのであるから、年貢不納は、取りも直さず、天皇よりも黒田家を重しとし、信用した民衆意識のありようを示しているのである。旧藩主引きとめの嘆願書に「勿論御年貢其外諸納銀等ハ従前之通ニ聊無二遅滞一上納仕候ニ付」（『維新雑誌』）と書いていたのとは、ちょうど裏腹の行動が年貢不納であった。

そもそも、有栖川宮の福岡藩知事（次いで県知事）への任用には、士族懐柔の意味があった。贋札事件による黒田長知の知藩事解任にともない、福岡藩士族の武力抵抗を恐れた太政官政府が、戊辰戦争の東征軍大総督だった有栖川をかつぎ出したものであり、戊辰戦争時に有栖川の指揮下にあった福岡藩士族はその権威に服して、政府の目論見は当たったのだが、民衆にとっては、その有栖川も「錦の御旗」ではありえなかった。

明治四年の福岡県での年貢不納が、県（つまりは太政官政府）の権威を認めず、封建制社会の復帰を願う民衆意識を基礎として起こったもので、その基調は六年の筑前竹槍一揆でも変わらないことを論じた。この時期を通じて、民衆は幕藩制の回復が可能だと信じていたのである。しかし、事件に対する右の分析は、まだ「私の解釈」であって、十分に実証されたものとは言えない。この点、地元では確証できる史料を見出せないのだが、幸い大分県の一揆について、右に述べたのと全く同様の論理を持つ要求書が発表されている。

明治五年末から六年初めにかけての大分県（豊後）「県中四郡一揆」の際の願書がそれである。加藤泰信氏によると、県の提出命令に応じて、指導者を中心に相談してまとめたもので、一一カ条にのぼる要求が書上げられている。(17)

一旧知事様御帰リ相成候様
一刑人ノ分此節、不レ残御放免相成度
一百姓ノ宝タル牛ヲ殺候儀御止メ相成度
一路傍ノ地蔵ヲ御除ケノ儀御止メ相成度
一保長ノ給金ハ官ヨリ御出方相成度

一御当県ノ御官員様不㆑残引退キ相成度
一御年貢一切旧知事様御帰リ相成候迄ハ難㆓差出㆒旨
一物価下直《したね》ニ相成度
一三ノ口米御用捨相成度
一小前内證ニテ賃借ノ分、旧知事様御帰リ迄其儘ニ被㆓成下㆒度
一銀札元ノ通（相脱カ）成度

ご丁寧にも「旧知事様御帰リ」が三カ所に見えていて、一揆指導者の思いの深さにあらためて驚かされるが、何よりも第七項に「旧知事（藩主）には年貢を納めるが、県には一切納めない」という論理が示されている点が注目される。先に私が福岡県について分析したことが、この史料によって裏付けられたと言ってよいと思う。

加藤氏によると、「要求事項からみて、県中四郡一揆は県の新政策に対する一揆であり、直接『解放令』に反対したものでは」なかった。「しかし、その渦中で被差別部落が焼き払われるという大きな差別事件を生んだ」のである。福岡県と大分県で、同じような論理を持つ民衆が、一揆に立ち上がった際に、同じような部落焼打ち事件を起こしていた。

一揆過程で提出される個々の要求を、全体としての民衆意識といかに関連させて理解するかが、殊に「解放令」反対一揆を見る場合には重要だということが、この点にも示されている。あれこれの要求ではなく、その背後の論理こそが問題なのである。

実は、右の要求書自体は新藤東洋男氏も利用されているのだが[18]、「この要求をみると士族の要求も多分に含まれていることがわかる」、「士族よりの要求が濃厚に入っているものとみなすことができる」と述べるだけで、第七項の具体的な意味を検討していない。「年貢……差出難き旨」というのは、何よりも農民の立場から発せら

れたもので、それが同時に士族の存在をおびやかす内容なのだが、その点が吟味されぬまま、「士族要求」説が出されていた。

このように、明治四〜六年の農民（を含む民衆一般）が、「旧知事」恋慕、封建制復活を切に願うのは、もちろんそれを基底還元論的にその土地所有状況から分析するのは自由だが、私はむしろ農村共同体の枠から思考がはばたくことがなかった、という点に原因を見る。政府が「新政」普及のためにどんなに甘い言葉をかけたとしても（そんなことはなかったのだが）、農民は常識的世界に安住することを望み、そこから一歩でも踏み出すことは望まなかった、と言えるのではないか。

この点、むしろ武士たちの方が軽率なまでに変わり身は早かった（また、別の機会に取り上げたいと思う）。

五　おわりに――新政反対の評価

農民の「反封建的性格」を前提に、筑前竹槍一揆を考察することはできない。それでは、真実を見誤まることを指摘した。「解放令」撤回要求も、部落焼打ちも、すべて一つの根から生え出ているのであり、この時期の民衆意識が、政府の進める文明開化政策全般の否定に向かい、文明開化へのアンチテーゼとして、幕藩制社会での自己の位置の復旧――言わば「地位保全」を求める方向に収斂《しゅうれん》していったと理解すれば、民衆意識をまるごと、矛盾なく想定できるのである。

ところで、当時の一揆は、一般的に新政反対一揆と呼ばれ、「解放令」撤回要求や、部落襲撃を含む場合に「解放令」反対一揆と呼ばれる。両者の掲げる要求は、内容としてはほとんど変わることはない。

「解放令」反対一揆の研究でも、農民の「反封建的性格」を前提とする論者は、「解放令」撤回要求や、部落襲撃はもちろんのこと、旧藩主招請など〝封建的〟要求は士族に帰属させ、残りの「新政」反対の部分についてのみ、「反権力闘争」として積極的な意味を付与していた。それは明治絶対主義、天皇制との闘いにまで、論者の脳裡でふくらんでいった。

「解放令」反対一揆においてすら、そうであったとすれば、新政反対一揆の場合は手ばなしの賞讃があって当然であろう。

しかし、それでよいだろうか。すでに見たように、「解放令」反対一揆の諸要求は、一見農民の立場と矛盾するように見える場合があっても、民衆意識の深いところでは矛盾なくつながっていた。とすれば「解放令」反対一揆と新政反対一揆とで、本質的な差異はないと言ってよい。「解放令」反対一揆の場合は、地域の事情や、一揆の個別な経過が作用し、たまたま民衆の差別意識が露呈したのだと考えられる。

新藤東洋男氏は、「播但《ばんたん》一揆のみならず『解放令反対』、『解放撤回』なりを含む農民一揆を『解放令反対一揆』なり『解放撤回一揆』なりととらえてしまうところに歴史分析としての問題点がある」と述べているが、この場合も、私は新藤氏に異議を唱えざるを得ない。

私の考えでは、新政反対一揆こそが、未発の「解放令」反対一揆なのであり、本質的には、「解放令」反対一揆と同じ性格を持つ[19]と考えねばならないのである。

最後に一言触れておけば、本稿では上杉聰氏の論稿[20]に言及する余裕がなかったが、上杉氏が「新政に対して、旧幕府下の政治にもどせと要求することによってしか対抗できなかった」と、この時期の一揆をとらえているのは、私の理解と近い。「ということは、反動的な性格を免れえなかったといって過言ではないだろうと思うんですね。そのような意味で、括弧つきで考えていただきたいと思うんですけれども、そうした性格を、この当時の一揆は持っていただろうと思います」とまで上杉氏は述べているが、まったく同感である。一揆の評価をめぐって問われているのは、個々の実証の当否と同時に、ある種の歴史観でもある。

注

（1）シンポジウム報告集は明石書店から刊行された（好並隆司編『明治初年解放令反対一揆の研究』）。
（2）前掲書に収録。なお、これは拙稿「筑前竹槍一揆と『解放令』」（『部落解放史・ふくおか』第四一号、一九八六年）を再編したものである。
（3）『松崎武俊著作集　上巻　部落解放史発掘』（葦書房、一九八六年）に収録。
（4）同前。
（5）同前。
（6）松崎氏が「部落から一戸一人」と言うのは、正確には『騒擾一件』を集計してのことではなく、一揆の参加者数（厳密には被処罰者数）を『藩制一覧』の戸数で割った結果を準用したもので、平均値である。平均値をもって「一戸一人」と概括するのは、この場合適当ではない。
（7）紫村一重「筑前竹槍一揆研究の視点」（『部落解放史・ふくおか』第二〇・二一号、一九八〇年一一月）
（8）初出は『部落問題研究』第五一輯（一九七七年一月）
（9）上杉聰「『解放令』反対一揆としての筑前竹槍一揆」（『部落解放史・ふくおか』第四〇号、一九八五年）四八頁。上杉氏は「研究者などに何らかの意図があったかなかったかわかりませんが」と述べているが、これは依拠した原本自体がすでにそうであり、研究者の作為ではない。
（10）福岡県立図書館蔵複製本を利用。
（11）同前。
（12）第五項については少し説明が必要である。福岡藩では田は米で、畑は大豆で年貢を納める建前だった。ところが、幕末期に庄屋を務めた藤《とう》金作の談話によるとこうだ。「畠にも反当《たんあたり》年貢米を課す。屋敷にも畠同様年貢米を課す。畠と屋敷とは大豆を上納すべきなれども、事実は米を納めたり」（「旧福岡藩事蹟談話会記事」、『筑紫史談』第三一集）。藩政期の米納にもどせとの要求で、これも〝うしろ向きの〟新政反対の一例である。
（13）糟屋郡、田原正憲家文書。
（14）ただし、『藩制一覧㈠』（日本史籍協会叢書）によると、「正租米二拾万六千六拾六石余」であるから、一石＝三俵と見て、六一万八〇〇〇俵余となる。
（15）＊印以下、太政官布告本文は、「太政官日誌」第七六号により校訂した。同書では布告日付は一〇月七日となっている（石井良助編『太政官日誌』第五巻、三五八頁）。
（16）九州大学九州文化史研究施設蔵、写本。転写の誤りを含むが原本に接していないので、⑶の本文以外はそのまま引用した。
（17）加藤泰信「『解放令』前後における大分県の動向」（『お

おいた部落解放史』第四号、一九八七年三月)。この願書は「公文録」明治六年一月大蔵省之部一(国立公文書館蔵)所収の「麻生菊治口書」によるという。

(18) 新藤東洋男『部落解放運動の史的展開』(柏書房、一九八一年)八頁。

(19) したがって、「解放令」反対一揆が「反動的形態」(池田敬正氏)とすれば、新政反対一揆もそうだ、と私は考える。ここまで、筑前竹槍一揆を例にとって論じたように、〃うしろ向きの〃新政反対なのであるから。新藤氏や紫村氏は、「反動的」側面を士族の要求、士族の扇動として片付けるが、つまりは一揆に参加した民衆の主体性を見ることができないのである。唯々諾々として扇動に乗る〃愚民〃像を描いていると言えば言い過ぎかも知れないが、「ヒイキの引き倒し」になってしまっている。民衆の真の姿を見すえてこそ、より豊富な歴史の教訓を汲みとれるのではないだろうか。

(20) 上杉氏前掲論文。

Ⅱ

■残された竹槍

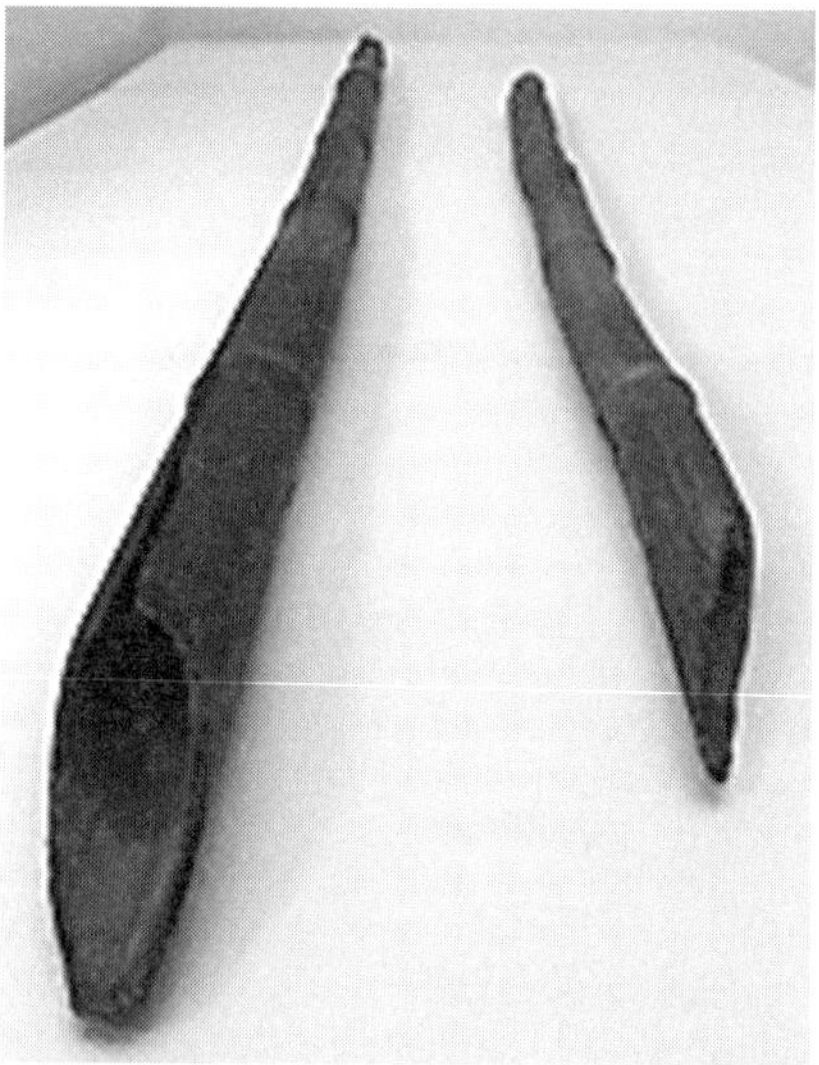

⑴嘉麻市教育委員会蔵。長さは大が198センチ，小が142センチ（下部欠損）

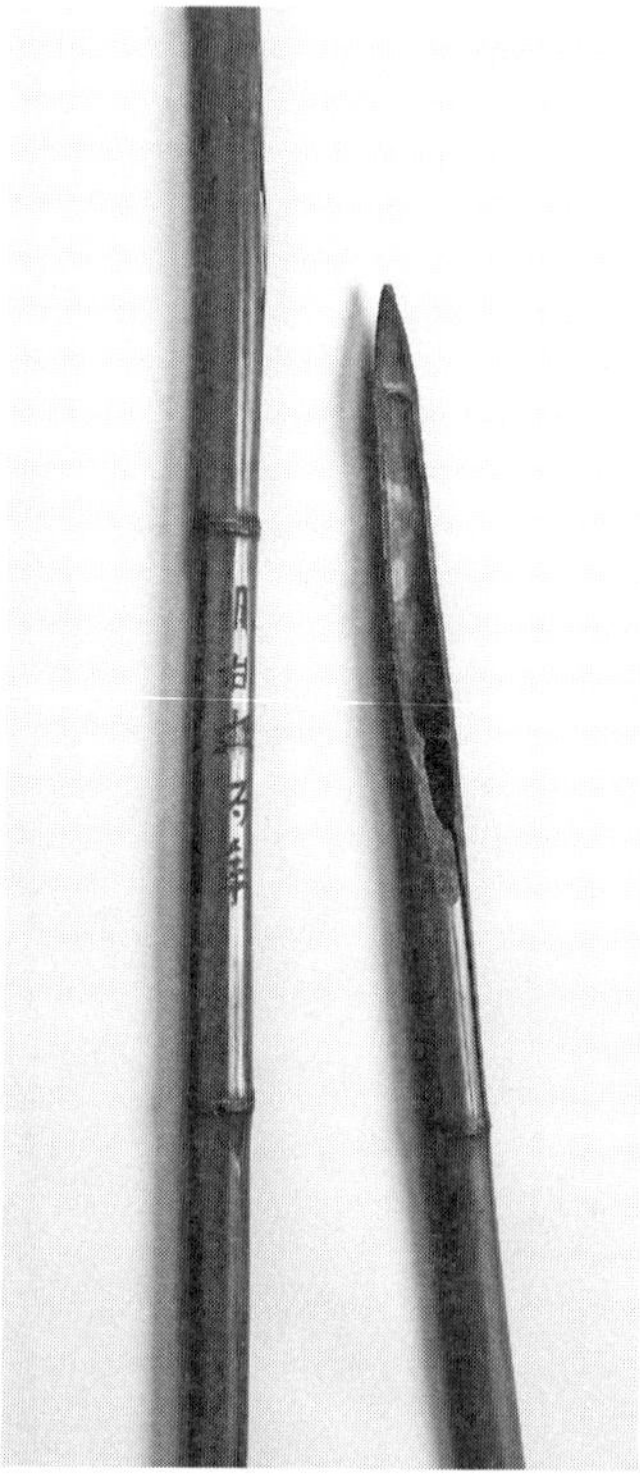

⑵福岡市博物館蔵（文字を刻む）

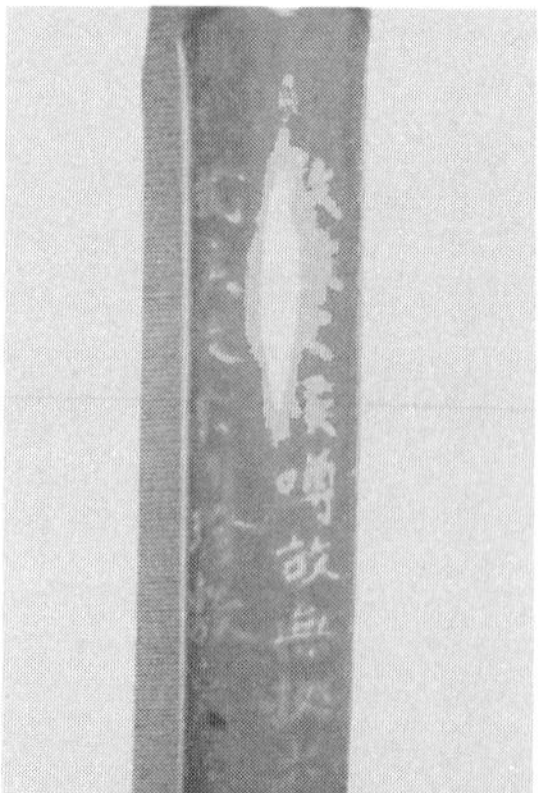

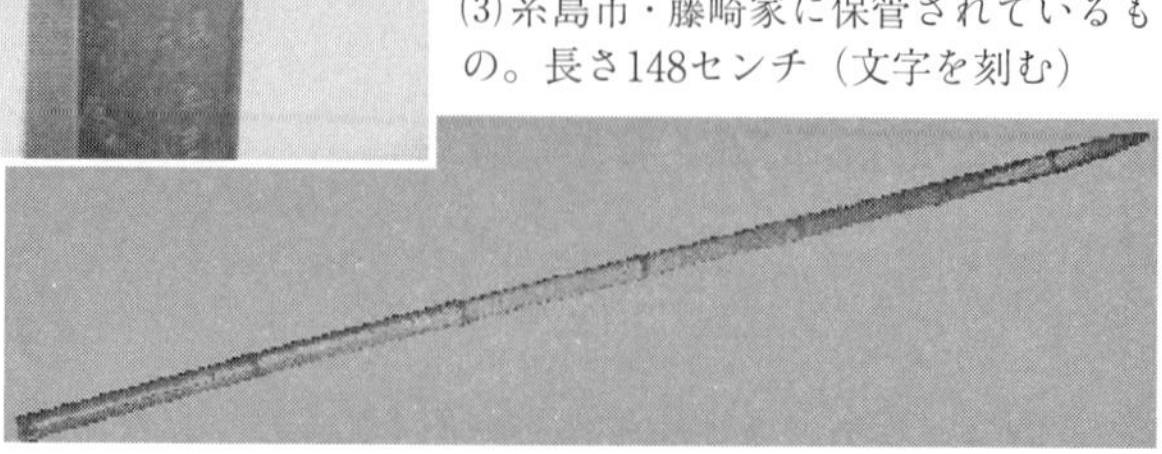

⑶糸島市・藤崎家に保管されているもの。長さ148センチ（文字を刻む）

筑前竹槍一揆　『筑紫野市史』から

筑前竹槍一揆とは

明治六年（一八七三）六月一六日夜、筑前（当時の福岡県）の嘉麻郡二七カ村の農民らが、隣接する豊前（当時の小倉県）田川郡猪膝村の米屋七軒を打ちこわした。これをきっかけに一揆は筑前全域へと拡大し、福岡県は一週間以上にわたって一種の無政府状態に陥った。たまたま県知事が任命されていなかったことが、県の指揮系統に混乱をもたらした側面もあったが、県は士族二〇〇〇人以上を鎮撫のために動員、政府は陸海軍の出動を命じた。

次に引くのは一揆の第一報である。『太政類典』第二編第一五〇巻（『近代部落史資料集成』第二巻、五六二頁）に「小倉県下出張電報局報告」が収められている。ただし、カタカナ書きを、漢字まじり・かな書きに直して引用した。

去る十七日福岡県下土民蜂起、飯塚・木屋瀬《こやのせ》辺人家数ケ所打破り、若松迄押し廻り候趣、当県管下田川郡猪膝（原「イノサキ」を猪膝に訂正）駅へも、同じく十六日夜、凡《およ》そ千人計り押し込み、人家八軒打ち毀《こぼ》ち、翌未明引き取り候段届出候に付、此の段御届け上げ候。

福岡管内、昨十八日頃より百姓蜂起致し、凡そ二万人計り寄り集まり、所々乱妨（暴）の由、当局比隣にて雷同少なからず、且つ線路（電線を指す）無覚束《おぼつかなく》候得共《そうらえども》、黒崎と申す所より先へ行かれ申さず、追々都合申し上ぐべく候得共、先づ差し置かれず候間、此の段申し上げ候也。

一揆には豊前・筑後の農民もわずかながら加わっていたらしい。また、筑前に隣り合う筑後・肥前では農民が動揺するなど、一揆伝播のきざしがあったとも言われている。県下四四万五〇〇〇余の人口の内、一揆参加者は一〇万人に及んだと見られる。実際の被処罰者数は約六万四〇〇〇人であるが、実数がこれより多いのは以下に見る通りである。

二一日には福岡城内にあった県庁が打ちこわされ、城内の官舎は焼打ちを受けた。しかし、二三日には平静に向かい、鎮台兵の到着した二五日には一揆はほぼ鎮圧されていた。ただ、遠賀郡だけは二五、二六日に一揆はかえって激化した。

一揆の原因

猪膝村の打ちこわしは、当時九州全域を襲っていた厳しい旱魃が背景となっている。嘉麻郡の農民らは参籠して雨乞い祈願を行っていたのだが、猪膝村の「目取り」が国境の金国山《かなくにやま》の山上で昼は旗を振り、夜は火を焚いて米相場の合図をしていることを知り、抗議に赴いて逆に捕らわれたことが打ちこわしの発端である。米相場の連絡役を当時「目取り」と呼んでいた。

しかし、これは直接のきっかけに過ぎず、底流には新政府の進める欧化政策（文明開化）への不安と不満があった。一揆の中で、電信柱が切り倒され、遊廓その他の洋館風の建物がすべて破壊されたのは、その象徴的な例である。だからこそ、雨乞い騒ぎに関係する嘉麻郡だけでなく、県下全域へと、一揆は拡大の一途をたどったのである。一揆の条件は整っていたと見るべきである。

一揆の主力は福岡・博多の東、西、南の三方から、士族の説得・抵抗を排除しながら県庁をめざしたが、こ

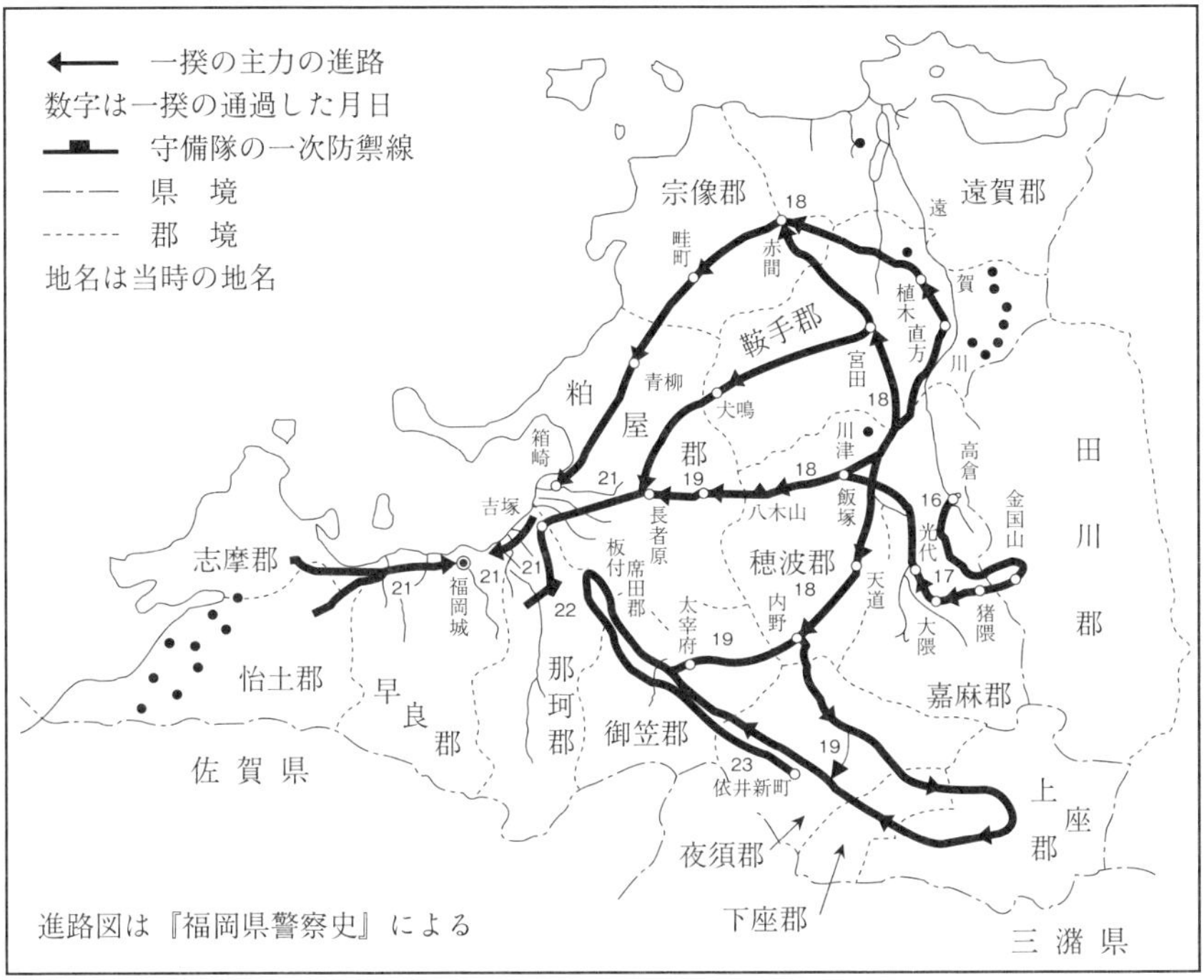

図１　筑前竹槍一揆の経路と不参加村の配置（●印）
（典拠）上杉聰・石瀧豊美『筑前竹槍一揆論』
（補注）上杉氏作成。「不参加村」については，不参加なのか，史料の欠如を意味するのか，なお検討の余地がある。この図では大隈から八丁峠を経て秋月へ向かった一揆勢が書かれていないなど，今後補充すべき点がある。概念図として見ていただきたい。

れは県庁への嘆願を口実にしていた（図1）。しかし、今のところ一揆自身の手になる要求書、嘆願書の類は発見されていない。現在知り得る一揆の要求項目はいずれも一揆関係の記録類に散見されるもので、鎮圧に当たった士族や村役人、一揆の目撃者などが記録したものである。これらの要求項目に共通するのは、文明開化全体に対する否定であり、旧藩復活を意味する要求だという点である。

御笠郡の一揆と行動

筑紫野市域への一揆の波及は、以下に引用したいくつかの史料によると、六月二一日（または二〇日）頃のことらしい。また、二二日（または二三日）には福岡へ向かったとされている。そして、一揆勢が福岡城から敗退した後、上座・下座・夜須・御笠の南郡勢は針摺《はりすり》河原に集結し、太宰府・二日市辺の打ちこわしが激化したとされている。説得に乗り出した黒田一雄（三奈木黒田家）にさえぎられ、南郡勢は板付まで行ったところで引き返したと書いたものもある（江島茂逸「明治癸酉筑前一揆党民竹槍史談」、『部落解放史・ふくおか』第三号、一四三頁）。いずれにせよ、伝聞や後年の回想であるから、細かく一揆の行動を特定するのはむずかしい。

次の史料は、山家《やまえ》での打ちこわしを、二三日になって知ったという意味だろう。

「福岡県党民秘録」（『近代部落史資料集成』第二巻、五六五頁）

（二三日）

一、南方御笠郡ヨリ夜須郡暴動ノ由、種々風聞。太宰府・二日市辺ヨリ山家駅戸長・副戸長・学校・調所《ちようしよ》ハ勿論、大家有徳ノ者ハ尽ク破毀ニ及。尤毀チ方大ニ手荒ク候ヨシ。又西郡ノ党民ハ（中略）此又官舎・正副戸長・学校等ハ不レ残毀候由。県下、市中（福岡・博多）ハ鎮定セシト雖モ、東遠賀郡騒擾ノ聞へ有レ之。専ラ遠郡暴動ノ最中ト相聞候ナリ。

「福岡県管内農民蜂起御届」（『近代部落史資料集成』第二巻、五七〇頁）

一、御笠・夜須・上座・下座四郡は、至テ穏ニ候処、追々党民より国中不レ残福岡へ相集り可レ申旨、万一出張不レ致候村々は、党民共日田往還筋を押登セ、悉皆《しつかい》焼払候段、頻ニ申触候趣ニて、既ニ御笠・夜須・下座三郡共党民ニ属シ、昨日（二二日）より福岡を向ケ、一同罷越居候趣ニ御座候。

「福岡県土寇暴動探索日記」（『近代部落史資料集成』第二巻、五七五頁）

〔前略〕於レ是遠近ヲ煽動シ、雷同ノ人数本月十六日夜、手始メトシテ小倉県下豊前国田河郡猪ノ膝町ニ赴キ、穀屋七軒ヲ毀《こぼ》チ還リ（此節、猪ノ膝町近郷ノ者応援シ、彼ノ地モ追々徒党セシヨシ）、夫ヨリ近隣諸郡ヲ煽動シ、十五歳ヨリ六十歳（或ハ四十二歳トモ云）マテノ丁男ヲ募リ、若不レ応アレハ直ニ毀焼スヘキ旨、各地ニ檄達セシヨシ。〔中略〕

同十八日午後、嘉摩・穂波両郡ノ凶徒三手ニ分レ、一手ハ太宰府、一手ハ甘木町、一手ハ上座郡辺へ向ヒ押出シ〔中略〕

同十九日、太宰府筋凶徒ノ人数益《ますます》加リ、八木山《やきやま》ニ赴キ、産《（宇美）》八幡近辺酒造家ヲ毀チ、香椎宮・長者原辺ニ屯集シ、一手ハ秋月近傍ヲ煽動シ、太宰府ノ方へ押出セル由。

同廿日、福岡県穂波・糟屋・那珂・御笠諸郡ノ党民へ、秋月勢及夜須・下座両郡ノ人数駈加リ、福岡・博多ノ近傍太宰府ヘンマテ三、四里ノ間、凶徒充満、竹鎗・棒ノ類ヲ携ヘ、数十人一隊ヲ成シ、在々所々ヲ馳駆煽動シ、或ハ毀チ、或ハ焼キ、漸々博多福岡へ輻湊《（輳）》ス。

同二十一日、凶徒ノ人数愈《いよいよ》加リ、気煙益熾《さかん》ニ、先手ノ勢凡三万人博多町へ侵入、〔中略〕既ニ博多市中ノ暴行畢《おわり》テ、勢ニ乗シ福岡へ突入、県庁へ迫ラントスルヲ以テ、貫属（士族のこと）数十人、中島橋詰ニ支へ、凶徒ト橋ヲ隔、屢応接アリテ後、通路ヲ披キタルニヨリ、凶徒一斉ニ衝《つき》通ル。此時ニ当リテ、別ニ怡土・早良・御笠諸郡ノ徒、福岡近郷ヲ暴行シ、其勢凡二万余人、既ニ県庁ノ裏手ヨリ襲フ。是ヨリ一方ハ牢獄ヲ破リ、囚人ヲ縦《はな》チ、電信役所を毀チ、標柱ヲ倒シ、銅線ヲ断チ、ガース灯ヲ砕キ、商家ヲ破毀シ、且又団権参事ノ居宅ヲ始メ、官員ノ住居其他諸官宅・学校・区長調所・正副戸長ノ家屋ニ至ル迄、都《すべ》テ方今公務ニ関スル家宅ハ残リナク毀砕シ、一方ハ県庁表門ヲ破開シ、多勢湧入、庁中ノ公書類ヲ悉皆持出シ、庁外サガリ松ト云ヘル空地ニ於テ焼却シ、終ニ午後二、三時頃、県庁ヲ毀潰シ、火ヲ近傍ノ官宅ニ放ツ。此時貫属ヨリ直ニ発炮討撃シ、凶徒十余人ヲ斃《たお》シ、数十人ニ傷ケ、貫属モ亦死傷二、四名アリト。於レ是惣勢散乱、漸ク福岡・博多ヲ退去シ、一手ハ箱崎辺ニ集リ、一手ハ御笠郡針摺《はりすり》河原辺ニ屯集、於レ是福岡近傍凶焔僅ニ熄《や》ムト雖トモ、二日市・太宰府・三宅其他御笠郡辺、或ハ焼キ或ハ毀チ、暴行所レ不レ至ナシト。此日福岡旧太夫《たいふ》（旧家老）黒田播磨《はりま》・矢野梅菴等出張シ、前ニ県庁ニ迫タル党民強願ノ旨趣ハ聞届遣スヘク間、速ニ退散帰村スヘキ旨、各地ニ奔走尽力説諭アリタル由。

御笠郡の一揆勢がどのような行動をとったか、いくつかの例を見ておきたい。一揆終結後に作成された公文書から、具体的な行動が分かる例を整理すると次の通りである（法務省所蔵『福岡騒擾一件』第四巻第三分冊）。通常、『福岡騒擾一件』からは、個人の行動内容を知ることはむずかしいが、ただ、御笠郡で破毀窃盗に問われた者の内一一人、破毀人家に問われた者の内一人については、比較的詳しい情報が盛られている（村名は伏せた）。この人々は、九月六日、「賊盗律凶徒聚衆条例附和随行シテ牆屋《しょうおく》ヲ毀ツ者」に該当するとして、杖《じょう》七〇の処分を受けた。杖七〇は、杖で七〇回叩かれるという刑で、たまたま、明治六年当時のごく短い期間だけ、江戸時代の制度とも、近代の刑法とも違う、古代の律令にならった刑法が施行されていて、その適用を受けたものである（表7）。

〔破毀窃盗〕

・六月二三日、一揆が村に押し来る。強制され、竹槍を携えて随行。処々横行中、甘木佐野屋半平方を打ち毀す。短刀一本盗み取る。

・六月二一日、〔傍線部同〕博多蔵本番《くらもとばん》太田清蔵方を打ち毀す。棒鞘刀一本盗み取る。

・六月二一日、〔同〕中島町小野善助方を打ち毀す。棒鞘入り脇差一本盗み取る。

・六月二二日、〔同〕山家浦ノ下何某方を打ち毀す。蘭筒一挺盗み取る。

・六月二三日、〔同〕甘木後ロ町辺名元存ぜざる家を打ち毀す。脇差し一本、キヤツフ一つ盗み取る。
・六月二三日、〔同〕夜須郡甘木水町辺名元存ぜざる家を打ち毀す。剣一本盗み取る。
・六月二三日、〔同〕夜須郡甘木瓦町辺名元存ぜざる家を打ち毀す。唐鍬一つ盗み取る。
・六月二三日、〔同〕二日市何某方を打ち毀す。脇差し一本盗み取る。
・六月二三日、〔同〕山家浦ノ下何某方打ち毀す。和銃一挺盗み取る。
・六月下旬、〔同〕夜須郡甘木大膳町紺屋にて、家具品々打ち毀す。鉄槌一つ盗み取る。
・六月二二日、〔同〕下座郡相窪村何某方打ち毀す。唐鍬一つ盗み取る。

〔破毀人家〕

表7　杖70の処分を受けた者（筑紫野市域のみ）

村名	第4巻第3分冊	第9巻
阿志岐	16（人）	16（人）
天山	5	5
石崎	2	2
牛島	6	6
大石	6	6
岡田	4	4
上古賀		
隈		4
香園		
古賀	4	4
下見	18	18
杉塚		
俗明院		
筑紫	14	14
常松	1	1
塔原	4	4
永岡	13	13
西小田		17
萩原	2	2
原		
原田	22	22
針摺	5	5
平等寺	3	3
二日市	16	16
本道寺	4	4
武蔵	4	4
紫	1	1
諸田	2	2
山家	39	39
山口	5	5
柚須原		
吉木	33	33
立明寺	4	4
若江		2
筑紫野市域合計		256
御笠郡計		523

（典拠）『福岡騒擾一件』第4巻第3分冊，第9巻
第4巻第3分冊には漏れがあり，第9巻の集計が正しいが，ここでは併記した。
筑紫野市域合計は引用者が算出。

・六月二一日、〔同〕博多中島町小野善助方を打ち崩す。船時計一つ、陣笠一つ盗み取る。同二十二日、下大利村何某方棚板を打ち崩し、宰府何某方瓦を打ち毀す。

一揆の波及については、六月二一日から二三日までまちまちである。これは、後になって思い出してのことだから、その頃と言うことはできても、やはり細かい点で信を置くことはできない。ただ、六月二一日（博多突入がこの日であることは間違いない）とした三人はいずれも博多での打ちこわしに加わっており（中洲中島町の小野善助とは小野組のことで、為替方という官金を扱う金融業者）、逆に二三日とした二人は甘木に向かっている。中間の二二日とした六人は、甘木、下座郡相窪村、二日市、山家での打ちこわしに、また、二日目として二二日の行動も合わせ記した一人は下大利、宰府での打ちこわしに加わっていた。南郡勢は初め福岡へ向けて行動し、敗退後に、逆に南へ向かって打ちこわしが激化したという、「福岡県土寇暴動探索日記」の記述を裏付けるものとなっている。

御笠郡から一揆に参加したとして処分を受けたのは、茂木陽一氏の集計（表8）では三六二六人で、これをその頃の戸数で割ると、一戸当たり約〇・七二人の参加となる（表で七一・八％と、百分率で表したのは、茂木氏の誤りである）。筑紫野市域からの参加者は、附和随行（一揆に参加したが積極的な行動はしなかったと見なされた人）で笞《ち》三〇となった者が一七一三人、破毀家屋（打ちこわしに加わった人）で杖七〇となった者が二五六人。合計一九六九人になる。附和随行者の年齢構成を見ると、おおむね一五〜六〇歳の範囲に含まれていて、しかも一五〜四〇歳で多くの参加者を見ている（表8・9・10）。

筑紫野市に残る記録

山家に残る筑前竹槍一揆関係の史料が、かつて近藤典二《のりつぐ》氏によって『山家郷土史話』（昭和二九年五月、孔版）

表８　竹槍一揆郡別参加状況

大区	郡	戸数A	人口	随行者B	アクティヴC	リーダーD	参加者合計E	E/A	B/A	C＋D/A
1	福　岡	7,035	30,416	2,126	74		2,200	31	30.2%	1
2	博　多	5,380	24,742	1,851	20		1,871	35	34.4	1
3	糟　屋	7,419	35,263	5,706	557	11	6,274	85	76.9	8
4	宗　像	7,758	37,407	5,510	605	8	6,123	79	71.0	8
5	遠　賀	9,524	47,419	5,625	50	4	5,679	60	59.1	1
6	鞍　手	8,268	41,288	4,260	1,072	13	5,345	65	51.5	13
7	穂　波	4,519	21,675	2,279	1,401	2	3,682	81	50.4	31
8	嘉　麻	4,382	22,140	3,386	1,611	4	5,001	114	77.3	37
9	上　座	4,990	25,411	2,653	1,550		4,203	84	53.2	31
10	下　座	2,471	12,397	1,082	847		1,929	78	43.8	34
11	夜　須	5,329	26,181	3,152	1,406	3	4,561	86	59.1	26
12	御　笠	4,319	20,018	3,102	524		3,626	84	71.8	12
13	那珂・席田	5,126	24,027	3,091	542	7	3,640	71	60.3	11
14	早　良	4,541	20,991	2,133	625	15	2,773	61	47.0	14
15	志　摩	5,005	23,647	2,927	599	12	3,538	71	58.5	12
16	怡　土	4,233	19,555	3,098	305	12	3,415	81	73.2	7
福岡県合計		90,299	432,559	51,981	11,788	91	63,860	71	57.6	13
筑後国三井郡						1				

1）各郡の戸数・人口は，「福岡県地理全誌要目」（『福岡県史資料』）による。

2）随行者Bの人数は，『福岡県騒擾一件』11の「各大区兇徒附随者擬律附待罪書」による。ここでいう随行者は，贖罪金2.25円（笞30相当）を払った，単純な参加者である。

3）アクティヴCは『福岡県騒擾一件』１～4，10の「党民杖以下罪案」に記されている分を集計して出した。ここには，大別して，「随行中家屋器材打毀科」の者，即ち，打ちこわし参加者と，賊盗律によって処断された笞50の者，即ち，一揆に参加して物品を盗んだ者とが含まれる。

4）リーダーDは，『騒擾一件』６の「党民死罪及連累懲役一年以上罰文」に記載されている者，及び『近代部落史資料集成 第２巻』所収の太政類典資料とを突き合わせて，確定させた。太政類典に記載されているのは，1873年９月５日に太政官に報告された分で，「罰文」には，その以後の処刑者も含めて記されている。ほぼ懲役刑以上の処刑者の全体を包含している。

5）したがって，このDには，種々の刑名が含まれているが，主として，附和随行して，放火を行った者と一揆の発頭人，及び打ちこわしの指揮者との２種類から成り立っている。

（茂木陽一氏作成。『部落問題研究』92輯70・71頁より）

表9　筑前竹槍一揆村別随行者数（第12大区／御笠郡）

小区	村名	戸数	人口	随行者数	農	工	商	雑業	その他
1	山家	322	1,577	224	207	2	2	12	医　1
	天山	51	218	31	30				医師　1
2	下見	104	468	23	23				
	西小田	60	296	38	38				
	若江	14	91	19	19				
	隈	40	205	32	30	1			不明　1
	岡田	25	125	26	26				
3	原田	162	805	105	104			1	
	筑紫	82	367	63	63				
	諸田	35	158	23	23				
	常松	26	137	33	33				
4	山口	160	885	134	134				
	萩原	60	322	48	47				不明　1
	平等寺	65	360	51	51				
5	永岡	72	324	34	34				
	俗明院	26	114	25	9				不明16
	針摺	38	178	39	24				不明15
	立明寺	37	194	26	19				不明　7
6	牛島	30	148	24	24				
	阿志岐	120	643	82	77				不明　5
7	吉木	133	634	59	30				不明29
	香園	15	78	12	12				
8	大石	45	266	40	40				
	本道寺	57	311	49	49				
	柚須原	16	127	16	16				
	原	36	219	37	35	1			不明　1
	内山	53	310	40	40				
	北谷	62	314	59	59				
9	宰府	689	3,244	504	300	60	128	15	馬医　1
10	観世音寺	55	278	44					不明44
	坂本	25	120	22	19	1			不明　2
	通古賀	79	359	72	72				
11	石崎	21	101	23	23				
	二日市	143	712	120	119				不明　1
	片野	68	356	58	58				
	紫	48	269	41	37	4			
12	武蔵	92	449	61	58	3			
	塔原	72	369	92	78	3			不明11
	古賀	50	308	41	41				
	上古賀	24	116	21	21				
13	向佐野	33	152	27	26				医術　1
	大佐野	43	228	41	41				
	牛頸	129	630	130	130				
	杉塚	30	160	22	22				
14	吉松	28	143	30	30				
	下大利	50	268	38	38				
	水城	55	239	27	27				
	上大利	32	158	36	36				
	国分	72	325	69					不明69
15	瓦田	82	363	42	42				
	白木原	47	213	30	27	1			不明　2
	山田	49	186	17	17				
	筒井	72	344	39	39				
16	乙金	57	286	10	10				
	中	51	233	18	17				不明　1
	仲島	21	105	20	20				
	畑詰	26	154	17	17				
総計		4,189	20,742	3,104	2,661	76	130	28	209

（注）1　小区・戸数・人口は『福岡県地理全誌』による。
2　「随行者数」とその職業別内訳は『福岡騒擾一件』第34，35巻による。
3　「工」は「大工職」などの職人を合算した場合がある。「不明」分はほとんどが「農」と思われる。この場合，農・工・商は職業であって身分ではない。

表10　筑前竹槍一揆年齢別参加状況（ただし「附和随行」のみを集計）

村　名	14歳以下	15～20	21～25	26～30	31～35	36～40	41～45	46～50	51～55	56～60	61歳以上	不明	合計
阿志岐		7	12	9	11	16	7	9	6	2		3	82
天　山		4	3	4	3	8	5	3	1				31
石　崎		2	4	1	6	6	3		1				23
牛　島		4	2	4	4	4	5		1				24
大　石		8	6	7	4	2	2	7	2			2	40
岡　田		5	4	2	4	4	3	3				1	26
上古賀		2	4	7	2	4	2						21
隈		5	8	3	2	9	2	2	1				32
香　園		1	4	1	4	1	1						12
古　賀		2	11	6	5	7	3	3	4				41
下　見		4	7	1	2	3	2	2		2			23
杉　塚		3	4	6	2	3	3		1				22
俗明院		1	8	4	3	3	2	4					25
筑　紫		4	9	12	8	12	9	4	1	4			63
常　松		3	6	7	3	4	3	4	1			2	33
塔　原	1	7	12	16	18	9	8	8	5	2	1	4	91
永　岡		1	3	3	10	9	4	2	1			1	34
西小田		6	8	8	3	5	1	3	3	1			38
萩　原		9	4	5	9	7	8	2	3			1	48
原		9	8	3	6	7	2					2	37
原　田		12	8	18	20	12	15	8	5	5	2		105
針　摺	1	7	3	8	4	6	5	3	1			1	39
平等寺		3	10	9	11	12	3	2				1	51
二日市		30	26	20	14	13	5	5	4		1	2	120
本道寺		8	7	9	3	12	3	3	4				49
武　蔵		6	9	13	16	5	4	5	2			1	61
紫		4	8	8	9	5	2	1	2	1		1	41
諸　田	1	2	2	1	4	2	4	3	3			1	23
山　家	5	34	49	35	33	34	15	8	8	1	2		224
山　口		12	24	20	25	20	13	10	5	2		3	134
柚須原		2	1	4	3	2	1	2	1				16
吉　木		9	5	12	8	9	6	6	1	1		2	59
立明寺		2	3	6	2	4	3	4				2	26
若　江		2	4	5	1		3	2	2				19
合　計	8	220	286	277	262	259	157	118	69	21	6	30	1,713

（典拠）『福岡騒擾一件』第34，35巻

に紹介されている。

近藤氏は、「これは明治六年の夏、筑豊地方に勃発し、忽ち全県下に波及した百性一揆の覚書である。一読して分る様に、山家村が体験した百性一揆の有様が西福寺の住職、玄周(和田)老の筆によって精細に書き留められているではないか」として、以下の資料を引用している。この記録では山家浦ノ下での打ちこわしは六月二一日とされている。僧侶が県官の指示で一揆の説得に出向いたことが書かれているが、博多万行寺の高僧七里恒順がやはり説得に奔走したことが知られているので、村役人だけではなく、民衆に一定の権威を保持していた僧侶も、一揆を押しとどめる役割が期待されていたということなのだろう。

> 于時《ときに》同年六月十七日、嘉穂郡小隈(大)辺より百性一騎(揆)さし起り、大家・役人の家、悉皆打崩し、村々へ打寄、一味致し候へば指免し、若し否と云はゝ打破り、焼払ふと云につき、村々十五才より六十才まで竹槍を持ち、内野まで打寄せ候。同処、松屋、小倉屋二軒、そのほか十軒うちくづし、直に当駅に押寄せ申すべし、注進同夜に早打にて申し来り候に付、悉皆御仏前を始め、御箱に納居候。福岡出張の御役人より寺院の面々教諭いたし候に付、七ケ寺、浦ノ下まで参り候へどもまいり申さず、安心致し居り候処、二十日に百性引返し、犬鳴越《いんなきごえ》にて福岡県庁を押寄せ書類焼払、その勢にて宰府諸所を打崩し、二十一日当所へ夜須・御笠・下座・上座そのほか数万人押よせ、浦ノ下二軒、当町五軒、暫時に打破り、……より……打崩、その夜四三島《しそじま》・原泊り、翌二十二日、甘木・上座・下座に打崩数知らず、国中およそ千五百軒打破候。大略如件《くだんのごとし》。
> (四九頁)

次に「松尾光昌日記」から、筑前竹槍一揆関係の記事を拾ってみよう。

明治六酉年
六月十八日、近来日和続ニ而、一向田植出来不㆑致、漸屋敷内及馬場前丈田植。

同日、風聞。嘉麻・穂波ノ両郡一揆発起シ、飯塚宿・其外内野辺、所々打崩シ大動揺之由。

同十九日、一揆、両粕屋え打出、騒動大方ナラス。怡土・志摩之方えモ蜂起シ、東西ヨリ県庁え押寄ル沙汰有㆑之ヨリ、県庁モ火急士族中ニ相談ニ相成、兵隊御組立、八方え御手配有㆑之。

六月廿日、博多・福岡大騒動之由ニ付、二男林作え申談、妙行寺・瀬戸両家え為㆓尋問㆒差越。一揆、宇美え押寄、乱妨大方ナラス。一味同心之者馳加リ、弥《いよいよ》大勢ニ相成リ、障子嶽（岳）ニ屯集イタシ候由。又一説ニ、那珂郡之騒動大方ナラス、人家ヲ打崩シ、或ハ焼立候条、御笠郡ニモ、速ニ人数操出《くりだ》シ不㆑申テハ乱入可㆑致抔、風聞区々有㆑之故、郡内一統操出ス。林作博多ヨリ帰村。先勢博多へ乱入。雑賞（餉）隈以下ハ、一揆充満シ、大ニ動揺スト。誠ニ存寄ラサ（リ脱）シ珍事也。

廿一日、嘉麻・穂波・遠賀・宗像・粕屋・御笠・夜須・那珂・席田・鞍手ノ郡村、辻ノ堂ヨリ浜男《はまお》迄布陣シ、御笠郡雑賞隈迄相続キ、四、五里ノ間透間《すきま》ナク一面ニ充満シ、県庁え打入、官舎・官宅ヲ焼立、福博町中、乱妨狼籍（藉）云ン方ナシ。剰《あまつさ》え旧穢多村ヲ放火シ、勢イ壮ンナル処え、士族・兵隊ノ面々堪《こら》へ兼《かね》、俄ニ炮発シ、刀鎗ヲ振テ追払候ニ付、忽チ数百人死傷有㆑之故、悉皆逃去候由。西郡之者共、東郡ト一所ニ成ント、追廻シ門ヨリ乗入、県庁え乗入候者モ有㆑之、半《なかば》ハ城外ニ居シヲ、兵隊ニ打立ラレ逃散候由。

一揆死者百二十八人余
手負之者相分ラス。
士族打死二人
官員三人

廿二日、御笠郡へ乱入、役員之宅ヲ始、所々打破リ、乱妨大方ナラス。

廿三日、夜須郡え乱入。上座・下座両郡え打出、大ニ騒動ス。

廿四日ニ至リ、少シハ鎮静ニ相成トイヘトモ、上・下坐ハ未タ打崩最中之由ニ聞ユ。福岡大参事中村用六・時枝典事・八代利征割腹。郡内打崩ス家、六十余軒ニ及フ。

此節、附和随行・暴行之者、五人組合相立、友吟味被二仰出一。

十月、朝庭(廷)ヨリ被二仰出一候田畑租税、百分ノ三ニ被二仰付一、皇国中寛苛《かんか》軽重ナク、画一ナル様トノ御達。

本年田方非常之旱魃ニテ、水掛リ悪敷所ハ不出来。


この中で、一揆の死者一二〇人余は、おそらく風聞を書き記したもので、過大な数字である（明治六年八月二五日付、福岡県から大蔵省への報告でも、党民〔一揆参加者〕の死傷は七〇人）。しかし、全体として、日記であるだけに、御笠郡での一揆の経緯を知る上では参考になる。

六月二〇日、糟屋以東の一揆勢が那珂郡に進み、その一部が御笠郡に対し参加を促したようである。二一日には東郡勢に御笠、夜須、那珂、席田の一揆勢が加わり、博多、福岡へ進入した。福岡城内を追い払われた後、一揆の一部が御笠郡に戻り、二二日、御笠郡での打ちこわしが始まった。次いで、二三日、夜須・上座・下座へと打ちこわしが波及していった様子が、日記により判明する。

解放令への反対

ここで解放令と呼ぶのは、江戸時代の身分制度に終止符を打つことになった太政官布告で、文面は次のようなものである（『太政類典』第二編第一三巻八月二八日の条）。

布告

穢多非人等ノ称被レ廃候条、自今身分職業共平民同様タルヘキ事
　同上　府県へ
穢多非人等ノ称被レ廃候条、一般民籍ニ編入シ、身分職業共都《すべ》テ同一ニ相成候様可二取扱一、尤地租其外除蠲《じょけん》ノ仕来モ有レ之候ハヽ、引直シ方見込取調、大蔵省へ可二伺出一事

解放令は近年は賤民廃止令、あるいは賤民制廃止令とも呼ばれるが、ここでは解放令と呼ぶことにする。元の法律には名前はない。なお、除蠲とは、地租を免除されること（無年貢地）を言う。

解放令は、それまで社会の前提とされた身分制度を最終的に解体した画期的な意義を持つ法律である。それ以前に四民平等は実現していたが、被差別身分の制度はまだ残されていた。「穢多非人等」という文言には、穢多、非人、その他どんな名前で呼ばれていても、とにかく一切の被差別身分を廃止する（文面では「呼称の廃止」と、「平民籍への繰り込み」と表現されている）という、政府の強い意志が表明されているのである。

しかし、解放令以後も、部落差別という形で、江戸時代の身分制度の下での差別が、形を変えて残り、今でも差別で苦しむ人たちがいる。それは、解放令は制度の廃止にとどまり、差別を支える社会の仕組みや、人々の心に残る差別意識を変えるには至らなかったからだ。差別との闘い、差別をなくすための努力は、明治以降、連綿として続けられてきたが、今なお取り組まねばならない重要な課題である。

東京で明治四年（一八七一）八月二八日に出された解放令は、福岡県では九月一五日に県知事のもとに届いた。県がそれを県下に公布したのは、一〇月一四日（あるいは一三日）と推測されている。約一カ月握りつぶされていたことになるが、戸籍編製作業の続いていた当時にあっては、止むを得ぬ事務上の遅延であったと思われる。少なくとも、意図的に公布を遅らせた証拠はない。

福岡藩では寺中《じちゅう》（空也《くうや》念仏の系譜を引く歌舞伎役者）・穢多・非人と三つの被差別身分があり、解放令の適用を

受けて平民に繰り込まれた。

解放令からちょうど一週間後、一〇月二一日に博多（と推定）の風呂屋・髪結仲間が町内の者、あるいは顔見知り以外は客にしないことを申し合わせた。これは被差別民が客に来ることで、他の客が逃げることを恐れたものである。同様のケースは全国で報告がある。これは解放令が一般の人々に容易に受け入れられなかったことを示している。

また、被差別部落の側では解放令を実効あるものとするため、賤業拒否の申し合わせをしたところがあった（これも全国的に同じような例が報告されている）。村ぐるみ、履物や皮革関連の仕事の返上を約束し、違反者からは罰金を取ると定めていた。博多の町では、実際に履物の修繕に回って来る人の姿がぱったり途絶え、諸人は迷惑したという。また乞食に回る非人の姿も消えた。これは差別と結びついている仕事に従事することで、解放令後も差別を受け続けることになるのを恐れたのである。

その他、部落からの、雇用先での食事をはじめ諸待遇の改善要求に対しては、地主の側は田地の引き上げを申し合わせるなど、部落側の「平民化」行動に対して反発で応じている。被差別部落の「平民化」の要求は、真宗報恩講での平民との同席などにまで及んでいる。これらは、福岡県でも一部の、経済力を持つ有力な部落に限られたとは思うが、活発な行動が見られる。

このような解放令の日常での実質化に対して、日々蓄えられた一般村の反発が、一揆での解放令撤回の要求となり、後で触れる部落焼打ちにもなったと考えられる。一揆が要求の中に「解放令の取り消し」を掲げたことと、部落焼打ちとは、密接に結びついているのである。

六月二〇日、那珂郡にあった有力な被差別部落二カ村が一揆によって焼かれた。この風景を目撃したある老人は日記に次のように書き残している。

偖《さて》一揆ゟ……ノ両村焼立ル。右ハ惣而《すべて》ノ穢多共平人《へいにん》ト為《な》リ候ゟ以ノ外誇轎（驕）リ、従前ノ人ノ上ニ可レ立《たつべき》抔《など》ノ心得致シ、重々以不勘弁ニ有レ之、故ニ皆人深ク相悪《にく》ミ居リ候。夫故此節穢多村ハ悉皆《しっかい》焼尽シ候含《ふくみ》成ル由、専ノ説也。（本書二六頁史料⑦参照）

ここで言われているのは、一揆に参加した人々が、「解放令が出た後、元の穢多身分の者がなまいきになっている、それで許すことができないから、穢多身分の人々の住む村（被差別部落）はすべて焼き尽くす」と公言している、ということだ。

注意しなければいけないのは、このように一揆側が「なまいきだ」と反応したのは、結局のところ、解放令にもとづく、「平民化」行動の結果だということである。つまり、実際に「『従前の人』の上に立つべきなどの心得」をしたというのでなく、法律の上で平民となったのだから、平民として振舞っただけなのである。それが、周囲から反発を受け、一揆での焼打ち事件へと発展した。部落焼打ちは、那珂郡、早良郡、怡土郡、志摩郡、夜須郡などの各地で起こっている（焼打ちによる部落側の被害は約一五〇〇軒に上った。本書二九頁表1）。

同じ頃、明治六年六月に岡山県でも大規模な一揆が起こったが、ここでも部落焼打ちが起こっている。この頃、西日本各地に起こった一揆の中には、福岡、岡山だけではなく、解放令取り消し要求を掲げ、部落焼打ちを含む一揆が他にも見られる。こうした一揆を総称して、「解放令反対一揆」と呼ぶ場合がある。筑前竹槍一揆はこのような解放令反対一揆の一つである。

廃藩置県への反対

一揆はまた旧藩知事の招請を要求項目に掲げたが、これも廃藩置県当時の出来事が下敷となっている。従来の研究では一揆がなぜ旧藩主の呼び戻しを要求するのか理解できず、鎮圧に当たった士族が自己の要求をもぐりこませたものと解釈してきたが、明らかに間違った見方である。

明治四年七月二日、贋札事件の責めを負った黒田長知は免官となり、東京で閉門の身となった。代わりに有栖川宮熾仁親王が藩知事として赴任し、そのもとで廃藩置県を迎えた（七月二二日）。この前後、旧福岡藩領の農民らは県への嘆願を繰り返し、また神頼みを行って、藩主一族の東上を引き留めようとした事実がある。これと呼応するのが筑前竹槍一揆での旧藩知事招請要求であり、解放令撤回要求は当然に自分ら平民をも旧来の身分に引き戻さざるを得ない性格のものだが、こうしたことを統一的に理解しようとすれば、全体として、この時期の民衆が、（新政府批判のアンチテーゼとして）旧藩の復活を要求する気分を持っていたと考えざるを得ない。

一揆の処分

一揆参加者の処分に関して、近藤典二『山家郷土史話』五〇～五二頁に、近藤氏が発見した三点の資料が紹介されているので、これも、そのまま引用することとする。近藤氏のこの資料紹介は筑前竹槍一揆の研究としても先駆的なものである。

さてこの一揆の被害者の一つ、その家の床柱には今以て鉈《なた》の傷痕を残している旧家を訪問した際、一揆の跡始末に関係する面白い文書を三つ発見した。

第一の文書は次の〝申合約定書〟である。

此節之一揆ニ付打崩いたし候者拾八人之内村中依二申合一、下組え六人当、組合中鬮《くじ》入執計候処、左之人数鬮当相成候ニ付、相残面々打崩いたし候段相除候ニ付、御県庁より罰金など被二申付一候はゝ村中より相仕廻可レ申、若し徒罰又ハ入牢ニ相成候ハ、組合より他方、内方共世話いたし候様申合、聊《いささか》も相違無二御座一候。右之通申合御座候得共、猶手安く相済候様、組合中氏神様えも心願ヲ掛候ニ付、曾而相異候者無二御座一候。後日とやかく不レ申ため申合書物一札如《くだんのごとし》レ件

砥綿□□□

（ほか二七名連名連判略）

明治六年七月十二日

砥綿□□□殿（ほか五名省略）

明治六年（一八七三）七月十二日というこの約定書の書かれた日は、福岡県嘉麻郡の一農村から勃発した百性一揆が全県下に拡がり、遂には県庁を襲撃し、旧士族や鎮台兵の大砲発射にまで及び、漸く鎮まった直後、新県令心得林大丞による暴徒処分の最中の時である。

鳥の子笠に竹槍かついだ一揆が村役人や富豪の家を打崩しながら、村内になだれ込み、十五才から六十才までの男子は一軒から一人づつ一揆に加はらねば打崩しに逢うという一揆の不文律に、村の衆もそれぞれ加担したと思はれるが、この申合書によると県庁は山家村に対して一八人の一揆参加者の出頭を命じて来ている。有難くないこの一揆代表者の選衛が先づ村中の申合せにより、組合毎六人を出すことに決まり、この組合（上の組）の六人はクジによって決定された。この申合約定書は組合代表六人に対し組合百性二八名が連判の上、もし罰金の際は村中負担とすること、懲罰又は入牢の際は家族の救済を組合よりすること、更に罪の軽少を願って氏神様に心願をかけることの三点を申合せ、約定の一札としているものである。

この一札で面白いことは、組合百性がいづれも苗字を記していること、及び身分的なものを表はす肩書をつけていないこと、従って順序不同であることなどの点である。幕藩体制崩壊直後の新時代の匂ひがするというのは云過ぎかも知れぬが、一揆の意識は数年前とは格段に相違しているとはいへよう。だが階級的色彩を一応なくしたかに見えるこの維新当時の約定書にも、連名の下におす捺印に拇印にまじって一つ

の大きな黒印と、一つの花押《かおう》とがある。黒印の主は酒造家であり、花押は副戸長である。
第二の文書はこの酒造家に宛てた組合衆の借用証文である。

証拠之事

一、金五円ハ
右者私共組合暴行人県庁え御呼出ニ付、入費分至急ニ而切立出来不仕候間、借用仕候処相違無御座候。
然ル上ハ右之者共引取候上、組合切立ヲ以訖と返納可仕候。為二後日一、証拠一札如レ件

明治六年九月五日　　小古野組頭取　瀬戸口伝平

道徳組頭取　満生藤右エ門

両組保長　木原生茂

□□□□□殿

明治六年九月五日依然として百性一揆の糾明が続けられている。小古野、道徳両組は、同じく山家村の組合であり、上の組と同じく六人の代表を出していると思はれるが、県庁呼出に応ずる費用に窮し、酒造家への借金となったものである。この両組の借金五円は当時にしても大金とはいえないが、この証文が残っていることから返済できぬ程の金額であったことは注目に値しよう。貸主の同家は旧藩時代以来の酒造家で、村内きっての富豪であった。当時農村の富豪が半農半商的であることは常識であり、酒造家が金融を兼ね、又大地主であり、村役人をもその一族から出すことさへあった。

とすれば当然百性一揆に際して農民の味方というより、却《かえ》って襲撃の対象たるべき存在ではないか。もし彼が一揆の襲撃対象として打崩されていたとしたら、彼が一揆代表を県庁に送るに際して、その罪の軽からんことを氏神に願をかけ、罰金の負担を等しく受け、代表の留守家族の救済を申合せ約束する組合の一員であり、それに署名捺印することは凡そナンセンスである。且又更に打崩した一揆の百性が県庁に呼

び出され、その費用に窮して被害者から金を借るのだとしたら、これ又ナンセンス以上に深刻な皮肉となるだろう。然るに事実は正にこうなのであった。第三の文書は、彼が一揆の罹災者の一人であり、県庁より金五円也の救助金の下賜をうけたことを明瞭に物語っている。

第十二大区々戸長

癸酉（一八七三）年党民暴動之際、家屋毀焼ニ遇ヒ候者共へ特別を以、救助金別紙之通下賜候。此段罹災之者へ厚ク可㆓申聞㆒候事

明治八年四月九日

福岡県令　渡辺　清

別紙は、「山見《み》ケ《か》〆《じめ》役」と「保長」にそれぞれ「金拾弐円宛」、そのほか無役の四名に「金五円宛」、同じく一名に「金三円」が下賜されたことを記載したものである。

だがこの様な運命のイロニーは或は第三者の主観であって、当時にあっては日常の茶飯事であったのかもしれない。

近藤氏の紹介した第一の文書は、山家村の一揆参加者を取り調べた際、実際に一揆に参加した者全員ではなく、くじで当たった六人だけを県に対して報告したという内容。この文書そのものは、くじに当たった者が処罰された時には、残りの者が必ず家族の救助に当たるという約束をして、六人の後顧の憂いをなくそうとしているわけである。このことから類推して、実際の一揆参加者数は、一揆に参加したとして処分を受けた者の総数六万四〇〇〇人よりは確実に多いことが分かる（本書二五頁表4）。

一揆が勃発した嘉麿郡で、参加を促す回状が回された際、その文章に「拾五歳以上六拾歳以下の人々には残らず駈け付け」という文言が含まれていた（江島茂逸、前掲書、一五頁）。一五歳から六〇歳までの男子は、公《く》

役《やく》を負担する義務を持つ。

一般に、戦国時代や江戸時代でも、一揆に参加するのがこの年齢層であったことは、他に報告例がある（勝俣鎮夫『一揆』岩波新書）。右で見た山家村でのくじ引きという事態も、実は一揆への参加が、公役の負担と同様、村共同体への義務であったことに基づくと考えられる。このため、村共同体内部での調整に異を唱える者はいなかったのである。

個人の判断よりは、村共同体への義務を果たすことが優先されたことが、一揆が短期間の内に、筑前全域へと波及していった主な理由である。村役人層は一揆を鎮圧する立場にあったが、家族の少なくとも一人は一揆に参加させたケースが多く見られる。これなども、村役人といえども、村共同体へ果たす義務を免れなかったものと解釈できる。

一揆被災者への補償

一揆終結後の八月、一揆で被害を受けた下見村の酒造業者が、被害額を書き上げて県令に報告している。醸造した八四石の内、八〇石が一揆の被害分である。

「（欄外）明治六年癸酉新八月十七日書立之ひかへ」
先般一揆騒擾之際、私家屋酒蔵ゑ乱入、酒桶打毀、全耗候分幷従前売払、現今存在候石数、精密奉㆓書上㆒候間、御検査之上何分之御処置奉ㇾ仰候。
一清酒醸造高八拾四石
　内
此外七十石□酒

四石
是ハ壬申（明治五年）八月ヨリ癸酉（明治六年）六月廿一日迄売立高
八拾石
是ハ当癸酉六月廿二日一揆暴動ニ付一時ニ相費《ついえ》分
壱石　　現在
右之通相違無二御座一候　以上

十二大区一小区下見村三十四番屋鋪
酒造渡世　□□□□□　㊞

明治六年八月
福岡県令立木兼善殿
（高田資料井手文書一四九）

これらの被害書上にもとづき、一揆の被災者には補償金が支払われた。近藤氏が引用した第三の文書はその補償金（救助金）支払いに関する史料だが、引用を略した「別紙」部分によれば、明治八年四月九日、山見ケ〆役、保長という、二人の村役人へは各一二円、四人に各五円、一人に三円が支払われた。

福岡県が明治七年六月一八日に内務省へ報告した資料では、第十二大区、御笠郡で、計五三人に六三九円が支払われている（本書三四頁表2、三五頁表3）。

一揆の評価

従来の研究で、筑前竹槍一揆の歴史的評価をめぐっては、一揆の反政府エネルギーを評価する立場と、部落焼打ちの意味を重視する立場と両極に分解していたと言えるだろう。筑前竹槍一揆研究の先鞭をつけた松崎武俊氏も両極の間で揺れを示している。一揆が解放令に反発して部落焼打ちに走ったことと、一揆が大規模化して士族団と戦い、県庁襲撃にまで至る激しい展開を示したこととの間には、共通する基盤があると考えられる。一見矛盾するようだが、それは旧来の村共同体が一揆の基礎になっていたが故の表現なのである。

例えば、一揆終結後、附和随行を理由に笞《ち》三〇となった五万二〇〇〇余人の大多数は贖罪金《しょくざいきん》二円二五銭（一五歳未満と七〇歳以上は七五銭）で笞《むち》打ちを免除されたが、宗像郡では村人の切り立て（軒割）によって贖金を肩代わりしたことが知られている。先に引用した、近藤典二氏の紹介した山家村の史料（約定書）でも、「御県庁より罰金など申付けられ候はば、村中《むらうち》より相仕廻《あいしまい》申すべし」と書かれていた。罰金は村全体で引き受けるというのである。これなど、宗像郡の例と同じく、一揆への参加が村への義務であったことを典型的に示すものである。

また、これほど大規模な一揆であったにも関わらず、一揆の動きは比較的統制がとれていた。村旗を押し立てた例や、采配を振るって指揮を取る人物が目撃された場合もある。明らかに村ぐるみ、まとまって行動しているのであり、一揆参加者がほぼ一五～六〇歳の公役負担層に重なっているのも、一揆参加が成人男子の義務であったとの解釈を誘う。村共同体の強い規制が一揆の前提となっていることを見逃すわけにいかない。

これに関して、近年の研究で興味深い指摘がなされている。「若者組の結盟と行動による日ごろからの経験・判断の蓄積が、各地の世直し騒動と深くかかわりあうことは、動かしがたい事実と考える」との古川貞雄氏の見解である（『村の遊び日』平凡社、一九八六年）。これは世直し騒動との関連を指摘したものだから、今のケースに安易に当てはめるわけにはいかないが、筑前竹槍一揆における大規模さと、それにも関わらず統制のとれた行動が明らかになるにつけ、村の日常から自然に成長した指導層（必ずしも、豪農や村役人クラスを想定しているわけではない）が一揆の各局面を指揮していたのではないかと見られよう。少なくとも、従来のように士族の指導など、安易に想定すべきではないと思われる。

なお、一揆は町・村・浦の民衆一般が参加しており、単なる「百姓一揆」ではない。福岡・博多の町人も多数参加している。ごく少数だが、郡部在住の士族が参加しているし、また一部、被差別部落からの参加も確認されており、その中には一揆に参加し、かつ焼打ちを受けた例もある。これらの事実をどう解釈するかはなお今後の課題と言えよう。

一揆の要求の中に、解放令撤回要求がある。そして、一揆は筑前一五郡の内、五郡で部落を焼打ちした。この二つの事柄は密接に関連すると見るのが当然であろう。すでに引用したように、部落焼打ちは解放令に伴う被差別民の「平民化」行動へのこらしめであった、と当時の記録には書かれている。

では、部落焼打ちの起こっていない郡があるのはなぜか。これについては、まだ仮説の域を出ないが、焼打ちのあった五郡は部落の規模が大きく、また村数や人数も多い地域で、解放令に伴う「平民化」行動が団結して強固に行われる素地があったのではないだろうか。これに対し、焼打ちのなかった所では、部落数も人口も少なく、経済的に一般村に依存する割合が高く、解放令が出たからといって、ただちに「平民化」の動きを起こすことのできない地域だった、したがって一般村との間にそれほどの軋轢が生じていなかったということなのであろう。

一揆の行動には次のような特徴がある。若干の例外を除き、一揆は被差別部落にはうむをいわせぬ焼打ちで臨み（石油をそそぎ、菜種殻を積み上げて焼いた例がある）、一般村の庄屋・大庄屋宅の襲撃では打ちこわしに留まっている（書類を焼く際は火の用心に水を用意したという）。このように明らかな戦術の使い分けが見られる。被差別部落と一般村が軒を接しているケースでは、一揆勢は放火を思い留まった例もいくつか知られている。また、解放令以前と同じく穢多としての分を守った行動をすると誓約して、焼打ちをまぬがれた部落もあった。

筑前竹槍一揆　『大野城市史』から

明治六年（一八七三）六月一六日夜、筑前（当時の福岡県）の嘉麻郡二七カ村の農民らが、隣接する豊前（当時の小倉県）田川郡猪膝村（現・田川市）の米屋七軒を打ちこわした。これをきっかけに一揆は九一頁図1のとおり筑前全域へと拡大し、筑前一五郡のすべてから全体では一〇万人が参加したと言われる大一揆へと発展するのである。県は士族二〇〇〇人以上を鎮撫のために動員し、政府は陸海軍の出動を命じることになる。

　福岡管内、昨十八日頃より百姓蜂起致し、凡そ二万人計り寄り集まり、所々乱妨（暴）の由、当局比隣にて雷同少なからず、且つ線路（電線を指す）無覚束《おぼつかなく》候得共《そうらえども》、黒崎と申す所より先へ行かれ申さず、追々都合申し上ぐべく候得共、先づ差し置かれず候間、此の段申し上げ候也。

これは一揆の第一報。『太政類典』第二編第一五〇巻（『近代部落史資料集成』第二巻、五六二頁）に収める「小倉県下出張電報局報告」の一部を引用した。

一揆に参加したとして処罰されたのは九七頁表8に示すように約六万四〇〇〇人だが、実際には県下四四万五〇〇〇余の人口のうち、一〇万人が参加したと見られている。

猪膝村の打ちこわしは旱魃が背景にある。雨乞い祈願を行っていた嘉麻郡の農民らが、国境の金国山の山上で昼は旗を振り、夜は火を焚いて米相場の合図をしている人たちに、抗議に赴いて逆に捕らわれたことが打ちこわしの発端となった。

しかし、これは直接のきっかけに過ぎず、底流には新政府の進める欧化政策（文明開化）への不安と不満があった。一揆が拡大の一途をたどったのは、いつでも燃え上がる程度に、民衆の不満が高まっていたということを意味している。

一揆の要求を書き記したものに、次の「十ノ小区調所日記」がある。

【（『近代部落史資料集成』第二巻、五六七頁）▼略─本書四四頁引用に同じ】

「十小区調所」（役場の意、ただし調所は大区の役所を言う）の日記に記録された六項目の要求である。

第一項は「先知事」すなわち旧藩主黒田長知の帰藩を求めているが、これは第六項の旧武士団に関する要求と合わせ、旧藩の復活を期待しているものと読みとることができる。第二項は年貢半減の要求（旱魃で田植えができず、収穫の見込みがないことに照応する）、第四項は入会権の自由、第五項は藪にかかる税の廃止を求めている。

第三項「皮多分は従前通りとりはからうこと」というのは、「えた」身分を廃止した「解放令」の取り消しを要求しているのである。言い換えると、身分制度の復活であり、全体として旧藩体制への回帰を希望していると言える。

政府が文明開化政策を強権的に進めていくことに対し、民衆が不安を募らせていたことを示している。民衆にとって、安心できるモデルは過去にしかないのである。

「村上善市記録」には筑前竹槍一揆について詳しい記事があって貴重な歴史的証言となっている。傍線部は大野城市域での打ちこわしについての記事。

明治六癸酉年……此年根付雨不降《ふらず》。旧暦にて六月八日半夏《はんげ》也。此日少々降り出し、夫《それ》より根付出来。日数

十四、五日之田植也。
大（太）陽暦にて六月十九日夕、旧暦にては五月廿五日夕にて、、粕屋郡宇美村大家三軒、当国内東部より大勢参り打崩し、夫より下粕屋を打崩し、席田郡に出、那珂郡村々分限之者、並役人家打崩し、粕屋より席田・那珂郡、御笠・夜須・上座・下座・早良・怡土・志摩・箱崎に揃、其外那珂郡諸所に寄集り、博多入口々々には役人御出張に相成候得共、無理に押入、博多を四拾軒余打崩。福岡も同様打崩。夫より御県庁え押入、御帳面共焼候趣、箱崎より御県庁え押入候節は御国内郡々村々不残竹鑓《のこらずたけやり》にて相揃候由。

旧穢多村……、其外早良郡数ケ村焼払候趣。打崩し候次第は家居打破り衣類・器物焼払、金銭・刀・脇指類は紛失之模様。穀物はかますを切破り、麦・からし・米・粟等一所になし、井戸に入、或は堀に入れ。

宰府十三軒打崩。

二日市三軒同。

山家七軒同。

此一揆・騒動は六月廿日・廿一日・廿二日に成、黒田一雄殿板付村迄御出浮に相成、御教諭に相成。御笠・那珂郡、粕屋・席田其外西郡居り合。尤《もつとも》廿二日乙金村二軒打崩し、白木原一軒・下大利一軒・吉松一軒・国分一軒打崩し候に付、当村より上村では上座・下座・夜須之者同道にて打崩しに参る。県庁え入候節前後、鉄炮並切殺し共死人・怪我人凡百人余之噂。

死人百弐拾四人・怪我人。

参事水野千波殿　東京より之人。県官員也。

権参事団尚静殿　御国之典事略す。

肥前より兵隊御雇入に相成候趣、肥後鎮台より御繰出しに相成。

東京より大蔵省幷兵部省より御下向にて、御国内人別御詮義に相成る。入牢人或は御詮義所にて打擲《ちようちやく》候て即死、又は體不叶様相成者多人数之趣。
騒動起り候節、并御詮義之節、老若男女共相恐れ候義は難筆紙尽《ひつしにつくしがたく》、只々神仏に願、心信共相働候也。
此年大干魃也。根付後、雨なし。村々共干付《ひつき》、根湪《ねざらい》等行届不申、諸所に雨乞有之候得共、一円降雨無之。新暦八月十四日に大雨。夫より雨続き村々共に雁爪打《がんづめうち》、或はひゐ草かがり上げ、凡出穂に相成候迄いたし候事也。当年之干魃は昔より無之と老人申事也。当村は水続き格別白干に相成候分無し。

党民御処置之覚

発頭《ほっとう》加麻郡之医師壱人　しめ首
官員殺し候者三人　打首
慕《したい》　行《ゆき》伝信機に掛り候者　七十打擲
随行之者三十擲之代り料　二円二十五銭被仰付る。
干魃にて御県内破免願村数六百ケ村余之噂。那珂郡二十六ケ村、席田郡立花寺一村、御笠郡四拾四ケ村、当郡御免受留候村々、中村・仲嶋・下大利・吉松・上牛頸・萩原・山口・平等寺・本道寺・大石・香園・柚須原・北谷。
石崎村は毛替作分、御下免願。

（「村上善市記録」）

文中、「旧穢多村……数ケ村焼払候趣」とあるのは、那珂郡、早良郡、糸島地方、朝倉地方で被差別部落の焼打ちが起こっていることを書きとめたものである。解放令以後、被差別部落の人々は周囲に対等な待遇を要求した（「平民化行動」と呼ぶ）が、これに不満を募らせた人たちが一揆の過程で被差別部落を襲い、放火したのであった。全体では約一五〇〇軒が焼き払われた。
六月二〇日、那珂郡の有力な被差別部落二カ村が一揆によって焼かれたが、この風景を実際に目にしたある老人は日記に次のように書きとめた。

偖《さて》一揆ら……ノ両村焼立ル。右ハ惣而《すべて》ノ穢多共平人《へいにん》ト為《な》リ候ら以ノ外誇轎(驕)リ、従前ノ人ノ上ニ可レ立抔《たつべきなど》ノ心得致シ、重々以不勘弁ニ有レ之、故ニ皆人深ク相悪《にく》ミ居リ候。夫故《それゆえ》此節穢多村ハ悉皆《しっかい》焼尽シ候含《ふくみ》成ル由、専ノ説也。

ここでは、一揆に参加した人々が、「解放令が出た後、元の穢多身分の者がなまいきになっている、それで許すことができないから、穢多身分の人々の住む村（被差別部落）はすべて焼き尽くす」と公言している、と書かれている。日記の作者が一揆の参加者から実際に耳にした言葉として、貴重な証言である。

この場合、一揆側が「なまいきだ」と反応したのは、解放令にもとづく「平民化」行動の結果だということは注意しなければいけない。実際に「『従前の人』の上に立つべきなどの心得」をしたのではなく、法律の上で平民となったのだから、ただ平民として当たり前に振舞っただけなのである。言い換えると、自分たちと同じことをするのはなまいきだと一揆勢は言っているのである。

同じ頃、岡山県でも大規模な一揆が起こっているが、この中でも部落焼打ち事件があった。筑前竹槍一揆だけではなく、西日本各地で、解放令取り消し要求を掲げ、あるいは部落焼打ちを含む一揆が他にも起こっていたのである。こうした一揆を総称して、「解放令反対一揆」と呼ぶ場合がある。筑前竹槍一揆はこのような解放令反対一揆の一つと見ることができる。

右に引用した「村上善市記録」に「黒田一雄殿板付村迄御出浮に相成、御教諭」と書かれていたが、次の資料はそれを裏付けるものである。黒田一雄は福岡藩大老（筆頭家老）の家柄である三奈木黒田家の当主。朝倉地方と御笠郡勢から成る南郡勢を説得するために板付村まで出張したのである。

十二大区御笠郡十二小区

筒井村保長　田中勘右衛門
乙金村保長　高原善蔵
山田村保長　原田　寿
同村　同　田中与四郎
仲村　保長　瀬里喜市
畑詰村同　染原精六郎

六月二十一日夕一揆の者共、那珂郡板付村え屯集候処、黒田一雄殿より為鎮撫《ちんぶとして》説諭《せつゆ》相成《あいなり》、二日市村鹿嶋譲四《ママ》郎えも専ら周旋仕居候由承り及候ニ付、自然用達仕候儀も有之候ハヾ、尽力可仕存念ニて同夕同所迄罷越申候、翌二十二日一雄殿ヨリ懇切説諭有之候ニ付、私共儀も屯集の者え趣意申諭所持の竹槍等為取収、一旦鎮静の有様ニ御座候間村方の者も為引取、私共義も安心帰宅仕候、其後何方えも出宅仕不申候、此段相違無御座候

明治六年七月

（高原〔康〕文書）

これによると、六月二一日、一揆勢が板付村に集まったところで、黒田一雄が説得に当たった。二日市村の鹿島譲二郎も説得に出ていると聞き、高原善蔵らも手伝おうと出向いた。翌日、黒田一雄の説得は効を奏し、竹槍を放棄させ、村人も引き取るのを見届けて自分らは帰宅したと、後日になって当時の行動を申告したのである。

御笠郡武蔵村（筑紫野市）で温泉奉行を務めた松尾山《さん》太夫《だゆう》光昌の日記には次のような一節がある。

廿一日、嘉麻・穂波・遠賀・宗像・粕屋・御笠・夜須・那珂・席田・鞍手ノ郡村、辻ノ堂ヨリ浜男《はまお》迄布陣シ、御笠郡雑賞隈迄相続キ、四、五里ノ間透間《すきま》ナク一面ニ充満シ、県庁え打入、官舎・官宅ヲ焼立、福博町中、乱妨狼籍(藉)云ン方ナシ。剰《あまつさ》え旧穢多村ヲ放火シ、勢イ壮ンナル処え、士族・兵隊ノ面々堪《こら》へ兼《かね》、俄ニ炮発シ、刀鎗ヲ振テ追払候ニ付、忽チ数百人死傷有レ之故、悉皆逃去候由。西郡之者共、東郡ト一所ニ成ント、追廻シ門ヨリ乗入、県庁え乗入候者モ有レ之、半《なかば》ハ城外ニ居シヲ、兵隊ニ打立ラレ逃散候由。

一揆死者百二十人余

手負之者相分ラス。

士族打死二人

官員三人

廿二日、御笠郡へ乱入、役員之宅ヲ始、所々打破リ、乱妨大方ナラス。

廿三日、夜須郡え乱入。上座・下座両郡え打出、大ニ騒動ス。

廿四日ニ至リ、少シハ鎮静ニ相成トイヘトモ、上・下坐ハ未タ打崩最中之由ニ聞ユ。福岡大参事中村用六・時枝典事・八代利征割腹。郡内打崩ス家、六十余軒ニ及フ。

此節、附和随行・暴行之者、五人組合相立、友吟味被二仰出一。

十月、朝庭(廷)ヨリ被二仰出一候田畑租税、百分ノ三ニ被二仰付一、皇国中寛苛《かんか》軽重ナク、画一ナル様トノ御達。本年田方非常之旱魃ニテ、水掛リ悪敷所ハ不出来。

この中で、一揆の死者一二〇人余は、おそらく風聞を書き記したもので、過大な数字である（明治六年八月二五日付、福岡県から大蔵省への報告でも、党民（一揆参加者）の死傷は七〇人）。「村上善市記録」でも「死人百弐拾四人」としていたから、そのような噂が行き渡っていたことは事実であろう。

表11　村別・年齢別参加者数（附和随行）　　（単位：人）

年齢／村名	15歳以下	16～20歳	21～25歳	26～30歳	31～35歳	36～40歳	41～45歳	46～50歳	51～55歳	56～60歳	61歳以上	なし	村別計
牛頸村	3	22	22	15	9	10	15	16	10	4		4	130
下大利村		6	8	7	8	4	3	1	1				38
上大利村		2	5	6	8	2	7	3	1	1		1	36
瓦田村		5	10	6	4	6	5	3	1			2	42
白木原村	1	6	5	9	5	2	2						30
山田村		1	4	3	3	2	3	1					17
筒井村		7	7	5	7	4	6	2				1	39
乙金村		2	4	3	1								10
中村		1	4	3	6	4							18
仲島村	1	1	1	2	4	5	4	1		1			20
畑詰村		1	2	6	3	1	1	2		1			17
村別計	5	54	72	65	58	40	46	29	13	7	0	8	397

（『福岡騒擾一件』第34・35巻）

六月二一日には嘉麻・穂波・遠賀・宗像・粕屋・鞍手の東郡勢に、御笠・夜須・那珂・席田の一揆勢が加わり、浜男から雑餉隈《ざっしょのくま》まで一揆勢が充満している。一部は博多、福岡へ進入し、福岡城内にあった県庁を襲った。官舎には放火したが、県庁は打ちこわしに留まった。この時、城内で発砲を受け、追い払われた後、一揆の一部が御笠郡に戻り、二二日、御笠郡での打ちこわしが始まっている。次いで二三日、夜須・上座・下座へと打ちこわしが波及していった様子が、日記によって判明する。

二二日、板付村での黒田一雄の説得によって、一揆の一部が解散したのは事実にしても、実際にはこの日以後、御笠郡以南での一揆は激化するのである。

九八頁表9では御笠郡全体の、また表9・11では、御笠郡の内、現在の大野城市域の村からの「附和随行」の罪に問われた人たちの数を上げている。これは三五頁表4のとおり全体では五万人に及び、笞《ち》三〇の刑であるが、実際にはその多くは二円二五銭を納めて刑を免れた。一揆が村に来て、やむをえず一揆に加わったが、積極的には何もしなかったと認定された人たちである。どの村からもまんべんなく参加者が出ていることが分かる。

筑前竹槍一揆　『太宰府市史』から

一揆の原因と経過

明治四年（一八七一）から六年にかけて、西日本各地で一揆が起こった。いずれも政府の進める近代化に反対を掲げるものであった。徴兵令反対一揆、地租改正反対一揆などと、主要な反対項目を冠して呼ばれることが多い。明治四年の田川郡一揆などは、旧藩主が廃藩置県で上京したのをきっかけに起こった。これを廃藩置県反対一揆と呼ぶのは不適当だろう。問題は、廃藩置県そのものよりも、旧藩主の上京に象徴されるような事態にあったからだ。徴兵令に反対した民衆も、地租改正に反対した民衆も、同じ生活条件に置かれていた人たちである。最近では近代化への漠然とした不安が一揆につながったと見る、より包括的な見解が出されている。

筑前竹槍一揆の場合も、背景にあったのは文明開化政策一般への反対であった。その意味では、一部で言われているように「新政反対一揆」と呼んでも差し支えない。しかし、通例、「新政反対一揆」という呼称は、一揆が部落焼打ち事件を含んでいたことを過小評価するために採用されている。そこで、これに対抗して筑前竹槍一揆を「解放令反対一揆」とくくる言い方が提出されている。問題は呼称そのものよりも、一揆をとらえる上での歴史観であると言えよう。「解放令反対一揆」と言われる出来事は、岡山県や兵庫県など、西日本の各地で、明治四年から六年に起こっていたことが分かっているが、研究されるようになったのは比較的近年のことで、まだその全体像は分かっていない。

筑前竹槍一揆は筑前国（当時は福岡県の全域と重なる）の一五郡すべてを巻き込んだ大一揆で、当時の人口四四万五〇〇〇余の内、一〇万人が参加したと見られている。被処罰者数は約六万四〇〇〇人である。

明治六年（一八七三）六月一六日夜、筑前の東の端、嘉麻《かま》郡二七カ村の農民らが、隣接する豊前（当時の小倉県）田川郡猪膝村の米屋七軒を打ちこわしたのが一揆の発端となった。

『太政類典』第二編第一五〇巻に、一揆の第一報を知らせる「小倉県下出張電報局報告」が収められている（『近代部落史資料集成』第二巻、五六二頁、三一書房、一九八五年）。猪膝駅とあるのは、猪膝村の一部が宿場だったことによる。猪膝を引き上げた一揆勢は旧秋月街道に沿って大隈町（現嘉麻市）へと向かい、打ちこわしが激化した。

【略―本書八九頁引用に同じ】

猪膝村の打ちこわしは、当初から一揆をめざしたものではなかった。

明治六年は太陽暦へと切り替えられた年で、六月は現在と同じく梅雨の時期である。しかし、九州全域を厳しい旱魃が襲い、田植えができなかった。嘉麻郡の農民らは高倉村日吉神社に参籠して雨乞い祈願を行っていたのだが、猪膝村の「目取り」（米相場の連絡役）が国境の金国山の山上で昼は旗を振り、夜は火を焚いて米相場の合図をしていることを知り、抗議に赴いて逆に捕らわれたことが打ちこわしの発端となった。

直接のきっかけはそうだが、底流には民衆の間に新政府の進める欧化政策（文明開化）への不安と不満があったことが指摘できる。雨乞いをめぐるいざこざに端を発しながら、県下全域へと、一揆が拡大の一途をたどったのは、火をつければいつでも燃え上がる状態に条件が整っていたからである。

一揆はお互いに交渉を持たなかったものの、大きく見ると四つのグループを構成していた。早良郡の一揆勢が福岡城に背を向けて南方へと向かったのを例外にして、残る三つのグループは福岡・博多の東、西、南の三方から、途中、士族の説得・抵抗を排除しながら県庁へと向かったのである。当時、県庁は福岡城内に置かれていた。

県庁への嘆願を口実にしていたのだが、今のところ一揆自身の手になる要求書、嘆願書の類は発見されていない。現在知ることができるのはいずれも、鎮圧にあたった士族や村役人、一揆の目撃者などが記録したもので、これらの要求項目に共通するのは、文明開化全体に対する否定であり、別の言い方をすれば、旧藩の復活要求であったということになる。

一揆が明確な統一した要求を持っていたのかどうかについて、研究者の意見は一致していない。一〇万人の参加した一揆に、「明確な統一した要求」を求めること自体、無理な話かもしれない。私たちに残されているのは、一揆を実地に目撃した人々が一揆の要求として記録したものである。それらは一揆のある種の〝気分〟を反映したものと見ることはできるだろう。

……自然発生的一揆は明確な目標を現さないが、一揆説得の士族が農民の嘆願個条として記しているのは（1）年貢の3カ年停止（2）旧藩復活（3）学校と徴兵制の廃止（4）地券発行の取りやめ（5）旧藩札の復活（6）部落解放令の廃止（7）旧暦の復活である。このうち（1）（3）（4）（5）が農民の要求であったろうといわれる。

（「筑前竹槍一揆」、『福岡県百科事典』下巻、一二三頁、西日本新聞社、一九八二年）

従来の研究状況はこのように整理されるが、研究者が（1）（3）（4）（5）は農民の要求と考えても無理がない。しかし、（2）（6）（7）は農民の要求ではなかろうと考え、それらは士族が自己の要求を農民の要求としてもぐりこませたもの、と見たのである。このやり方はある意味で研究者の恣意が入る余地があり、研究の方法としては疑問が残る。ここに整理された七点について言えば、むしろ、政府の進める文明開化政策への反対として共通しており、民衆は県政よりも、旧藩当時を良しとする態度をとっていると考えられる。

一揆の要求をまとめたとされる史料を三点引用しておこう。

①「公文録」所収・福岡県報告（前掲『近代部落史資料集成』第二巻、五七八頁）

……兇徒願之趣三ヶ条

一、旧知事ヲ返《ママ》ス事

一、諸税三ヶ年間半減之事

一、不毛地・山林等払下ヲ止ムル事

但、前二ヶ条者、難取用候得共、不毛地・山林払下之儀ハ、農民必要之草菜ヲ刈テ肥トスル者之難渋ニ
も相成ニ付、可及詮議旨説得有之也

一、其余之願ヶ条者、公然致出願候義ニ無之候

この福岡県報告では、「公然出願致し候義」として特に三カ条を上げている。第一項で旧知事（旧藩主黒田家）の帰任を、第二項では三カ年だけ諸税の半減を、第三項では山林の払下げの取り消しを要求している。山林払下げは入会地を奪うことになるので反対したのである。

②【十ノ小区調所日記」所載（前掲『近代部落史資料集成』第二巻、五六七頁）▼略―本書四四頁引用に同じ】

六項目を挙げる。第一項は旧知事の呼び戻し、第六項が武士団の復権であり、要するに旧藩の復活を要求しているのである。農民がそんなことを要求するのかと思われそうだが、徴兵令への反対は当然に旧武士団の回復でなければならない。第三項の「皮多」とあるのは、福岡藩での「えた」身分に対する呼称。「皮多分は従前通りとりはからうこと」とあるので、「えた」身分の廃止を宣言した「解放令」の取り消しを要求したということになる。

「山の札」、「藪銭」の廃止は税の軽減を意味している。

③【杉谷昭「佐賀の乱覚書」所収（『日本歴史』八七号、昭和三〇年九月）▼略―本書四四頁引用に同じ】

ここでも旧知事の帰国要求が第一項に掲げられている。第五項は説明を要するが、旧藩当時、田の年貢は米で、畑の年貢は大豆で計算した。しかし、現実には大豆を米で代納するようになっていた。それを廃藩置県の後、新置の県は、額面通り大豆で納めよと指示したらしい。それを、元の米納に戻してほしいと要求したのである。第六項は太陽暦への反対、第七項は「解放令」の取り消し要求である。第八項は神仏分離政策への反対。全体として、旧藩当時に当たり前であった社会環境に戻してほしい、という意味だと読みとることができる。現代風の言い方をすれば、アイデンティティの回復を求めているのである。

嘉麻郡に始まった一揆は次々に隣郡へ波及していった。田川郡猪膝からUターンした一揆は、嘉麻郡大隈町を経て、穂波郡飯塚へと向かったが、一部は千手《せんず》から八丁峠を越えて、秋月へと向かった。これが上座郡・下座郡・夜須郡から成る南郡勢を構成する。そして御笠郡を巻き込むことになる。

太宰府市域への一揆波及

太宰府市域への一揆の波及は、「福岡県土寇暴動探索日記」には六月一八日頃と書かれている。嘉麻郡・穂波郡をあふれ出るように、一揆は隣接する郡へと波及していった。その一部が太宰府へと向かったのであった。二〇日には福岡・博多から太宰府まで一揆勢が「充満した」が、嘉麻・穂波・糟屋郡に加え、那珂・御笠・席田郡が合流しており、さらに朝倉地方からも一揆が押し寄せていたのである。二一日には福岡城内にあった県庁が襲われるが（『横田徐翁日記』）、御笠郡勢も一部参加していたようである。

【「福岡県土寇暴動探索日記」（前掲『近代部落史資料集成』第二巻、五七五頁）▼略―本書九二頁引用に同じ】

また、福岡へ向かった一揆勢が福岡城で敗退した後、上座・下座・夜須・御笠の南郡勢は針摺河原に集結した。福岡・博多は平静を取り戻すが、太宰府・二日市・三宅ではかえって打ちこわしが激化した。旧家老の黒田播磨や矢野梅庵らが一揆の説得にあたっている様も記録されている。

【「福岡県党民秘録」（前掲『近代部落史資料集成』第二巻、五六五頁）▼略―本書九二頁引用に同じ】

二日市にあった第十二大区調所は御笠郡を所轄するもので、郡役所に当たる。ここは一揆の被害が他と比べ軽微であったという。

第十二大区調所は御笠郡二日市宿に在り。区長尾江逸蔵・戸長高原謙次郎、野村維平にして、注意能く行届き、夙に緊要の書類は前なる藪の内に穴を掘りて埋匿し、尾江区長は調所にありて有志者を集め防禦し、高原戸長は雑餉隈《ざつしよのくま》に出て説諭をなしたるにぞ。他郡に比し被害最も軽かりしなり。

（「明治癸酉筑前一揆党民竹槍史談」、『部落解放史・ふくおか』第三号、一九七六年）

太宰府や二日市・山家といった宿場町には有徳者（金持ち）も多かっただろう。それらが打ちこわしを受けたのである。今日でも柱などに傷を残している家があるが、一揆の時に襲われた跡である。

「福岡県管内農民蜂起御届」（前掲『近代部落史資料集成』第二巻、五七〇頁）

一、御笠・夜須・上座・下座四郡は、至て穏に候処、追々党民より国中残らず福岡へ相集り申すべき旨、万一出張致さず候村々は、党民共日田往還筋を押登せ、悉皆焼払候段、頻に申触候趣にて、既に御笠・夜須・下座三郡共党民に属し、昨日（二二日）より福岡を向け、一同罷越居候趣に御座候。

福岡へ集まれ、来なければ焼くぞ、というおどしがかけられた、と書かれている。そのため御笠郡からも二二日に福岡へ向かったという。このグループは板付まで行ったところで黒田一雄（播磨の子、三奈木黒田家当主）の説得を受けて戻ったとされる（前掲「明治癸酉筑前一揆党民竹槍史談」）。

御笠郡と一揆

御笠郡から一揆に参加したとして処分を受けたのは、茂木陽一氏の集計では三六二六人で、これをその頃の戸数で割ると、一戸当たり約〇・七二人の参加となる。太宰府市域の一二カ村からの参加者は、附和随行（一揆に参加したが積極的な行動はしなかったと見なされた人）で笞三〇となった者が九九三人。附和随行者の年齢構成を見ると、おおむね一六〜六〇歳の範囲に含まれていて、しかも一六〜五〇歳で多くの参加者を見ている（表12）。

近藤典二『山家郷土史話』（昭和二九年五月、孔版）から山家《やまえ》に残る記録を引用する。

【略―本書一〇〇頁引用に同じ】

大隈から内野へ、さらに冷水《ひやみず》峠を越えて山家へと一揆は押し寄せた。山家に来たのは二一日、その前に宰府の打ちこわしがあったと書かれている。

次に、「松尾光昌日記」（筑紫野市松尾家文書）から、筑前竹槍一揆関係の記事を拾ってみる。松尾家は武蔵《むさし》村に住んでいたが、旱魃でやはり田植えができなかったと書かれている。

【略―本書一〇〇頁引用に同じ】

表12　村別・年齢別参加者数（附和随行）　　（単位：人）

年齢／村名	15歳以下	16～20歳	21～25歳	26～30歳	31～35歳	36～40歳	41～45歳	46～50歳	51～55歳	56～60歳	61歳以上	なし	村別計
内山		4	5	6	6	3	11	3				2	40
宰府	7	67	99	79	57	63	46	39	23	7	3	14	504
北谷		5	7	10	8	10	8	5	3	1		2	59
観世音寺		1	17	12	7	4	2	1					44
坂本		3	5	5	1	5	2	1					22
国分	1	15	12	8	16	2	6	4				5	69
通古賀	4	18	12	13	5	9	4	4				3	72
片野		6	11	8	13	5	3	4	2	1	1	4	58
向佐野		2	5	5	8	3	2	2					27
大佐野	4	8	5	3	3	3	8	6	1				41
水城		5	2	4	4	6	5			1			27
吉松	1	2	4	6	1	7	4		1	2	1	1	30
年齢別計	17	136	184	159	129	120	101	69	30	12	5	31	993

日記だけに、御笠郡での一揆の経緯を知る上でとても参考になる。ただし、一揆の死者一二〇人余というのは、おそらく風聞で過大な数字である（明治六年八月二五日付、福岡県から大蔵省への報告でも、党民〔一揆参加者〕の死傷は七〇人にすぎない）。御笠郡での乱暴は一揆勢が県庁を追い立てられた後、二二日であることが分かる。

末尾で「本年田方非常之旱魃」と特に書き留められている。「不出来」とは稲の実り具合を指すのであろう。御笠郡での旱魃は宮原家文書「御布告写」（『太宰府市史 近現代資料編』収録）にもうかがわれる。

明治六年（一八七三）一〇月、大佐野村から破免願（年貢減免の願書）が出ている（写しである）。

破免願

当村之義は養水溜池勝に之有り、春之頃より潤雨少く池々満水仕らず、引続き夏已来の大旱にて挿秧《そうおう》相成難き場所も之有り、且植付分干枯白干等多、分外之損毛に付、悉皆定免相保ち難く、早稲作何々を除之外破免願奉り度趣、百姓中より申出候に付、御免相願之義は容易に御願申上げ難く、出願仕候得は、御検見《けみ》相済迄諸費、加之《しかのみならず》苅上季節麦作仕付後れ等之愁も之有る段、御主趣重畳説諭を加え候得共根元疲幣（弊）之村柄貢租弁償之見込御座無く、止むを得ず歎願奉る旨申出候条、破免御許容仰付られ下せられ度、此段願奉り候也

御笠郡大佐野村

保長　宮原利三郎

副戸長　竹森禎作

明治六年十月

長官当

春に少雨で溜め池が満水していなかった上に、夏以来の大ひでりであった。その結果、「分外之損毛」となり、一〇月になって決められた年貢量を負担するのは不可能という事態に追い込まれたのである。

部落焼打ち問題

「松尾光昌日記」にも「剰え旧穢多村を放火し」という表現があった。一揆における部落焼打ちの問題を見ておきたい。

江戸時代の身分制度に終止符を打ったのは、後に解放令と呼ばれることになる明治四年（一八七一）の太政官布告で、文面は次の通りである（『太政類典』第二編、第一三巻、八月二八日の条）。

布告

穢多非人等ノ称被」廃候条、自今身分職業共平民同様タルヘキ事

同上　府県へ

穢多非人等ノ称被レ廃候条、一般民籍ニ編入シ、身分職業共都《すべ》テ同一ニ相成候様可二取扱一、尤地租其外除蠲《じょけん》ノ仕来モ有レ之候ハヽ、引直シ方見込取調、大蔵省へ可二伺出一事

解放令は、それまで社会の前提とされて疑われなかった身分制度を、最終的に解体したという意味で、画期的な意義を持つ法律である。文中「穢多非人等」の「等」には、一切の被差別身分を廃止するという、政府の強い意志が表明されている。八月二一日の草案にはなかったのが、付け加えられたことが分かっている。

身分制度はなくなったが、解放令以後も、現在に至るまで部落差別が続いている。それは、解放令は制度の廃止にとどまり、差別を支える社会のしくみや、人々の心に残る差別意識を変えるには至らなかったからである。本来、人間同士に差別があってはならない、差別する側に責任があるということを指摘したところに、大正一一年（一九二二）の水平社結成の意義がある。

福岡藩では寺中《じちゅう》（空也念仏の系譜を引く歌舞伎役者）・穢多・非人と三つの被差別身分があり、解放令の適用を受けて平民に繰り込まれることになった。

解放令の福岡県での公布からちょうど一週間後、一〇月二一日に博多（と推定）の風呂屋・髪結仲間が町内の者、あるいは顔見知り以外は客にしないことを申し合わせた。暗に元の被差別身分の者を断ろうというのである。解放令は一般の人々に容易に受け入れられなかった。

一方、被差別部落の側では賤業拒否の申し合わせをしたところがあった。賤業（いやしい仕事――本来賤業はあるはずがないが、当時の人々はそう考えた）と見た履物や皮革関連の仕事の返上を村ぐるみで約束し、違反者からは罰金を取ると定めていた。解放令後も差別を受け続けることを恐れたのである。平民には平民にふさわしい仕事がある、と考えた。そして、平民になったのだから、平民にふさわしい行動をしようとした。

解放令の日常での実質化（「平民」化行動）に対して、一般村の反発が蓄えられていった。それが、一揆での

解放令撤回の要求となり、部落焼打ちにもなった。解放令以後、部落焼打ち事件へと至る、日常の出来事の積み重なりが、一揆を考える上で重要な背景としてある。

部落焼打ちは、那珂郡、早良郡、怡土郡、志摩郡、夜須郡などの各地で起こり、部落側の被害は約一五〇〇軒に上った。

その最初の出来事がある老人によって日記に書きとめられている。六月二〇日、那珂郡にあった有力な被差別部落二カ村が一揆によって焼かれたのである。

【(「横田徐翁日記」明治六年六月二〇日条)▼略―本書四〇頁引用に同じ】

一揆に参加した人々は「解放令が出た後、元の穢多身分の者がなまいきになっている、それで許すことができないから、穢多身分の人々の住む村(被差別部落)はすべて焼き尽くす」と公言していた。「なまいきだ」というのは一揆側の言い分である。それは、解放令にもとづく「平民」化行動の結果であった。要するに、自分たちと同じことをしてはいけない、という感情である。

一揆の行動には次のような特徴があった。若干の例外を除き、一揆は被差別部落にはうむをいわせぬ焼打ちで臨み(消えたら火を付け直したり、焼け残っている所を目がけたいまつを投げたり、石油をそそぎ、菜種殻を積み上げて焼いたなどの例がある)、一般村の庄屋・大庄屋宅の襲撃では柱に傷を付けるなどの打ちこわしにとどまっている(書類を焼く際は火の用心に水を用意したという)。このように部落と部落外とで、戦術の使い分けが明らかである。被差別部落と一般村が軒を接しているケースでは、一揆勢は放火を思いとどまった例もいくつか知られている。また、解放令以前と同じく穢多としての分を守った行動をすると誓約して、焼打ちをまぬがれた部落もあったのである。

一揆の歴史的評価

従来の研究では、筑前竹槍一揆の歴史的評価は対立する二つの方向をとった。一揆の反政府エネルギーを評価する立場と、部落焼打ちの意味を重視する立場との二つである。一揆が解放令に反発して部落焼打ちに走ったことと、一揆が大規模化して士族団と戦い、県庁襲撃にまで至る激しい展開を示したこととの間には、共通する基盤があると考えられる。今までの歴史観では、前者はマイナス面、後者はプラス面となり一見矛盾するようだが、それは旧来の村共同体が一揆の基礎になっていたと考えれば、矛盾なく理解できるだろう。

先に引用した「松尾光昌日記」に「附和随行・暴行之者、五人組合相立、友吟味仰出さる」とあったように、参加者の取り調べは「友吟味」という方法によった。村の男性を五人ずつのグループに分け、それぞれに一揆過程での行動を自己申告させて、それを突き合わせ矛盾がないかどうか、申告は真実かどうかを見極めていくのである。その結果、六万四〇〇〇人が罪に問われたのであった。

附和随行を理由に笞三〇となった五万二〇〇〇余人の大多数は贖罪金二円二五銭（一五歳以下と七〇歳以上は七五銭）で笞打ちを免除されたが、宗像郡では村人の切り立て（軒割）によって贖金を肩代わりしたという例がある。近藤典二氏の紹介した山家村の史料（約定書）でも、「御県庁より罰金など申付けられ候はば、村中より相仕廻申すべし」と書かれている。一揆への参加は自由意志ではなく、村共同体への義務だったのである。

一揆には町・村・浦の民衆一般が参加しているので、単なる「百姓一揆」と見るのは間違っている。福岡・博多の町人も多数参加している。多くの士族は鎮圧に動いた中で、ごく少数だが、郡部在住の士族で一揆に参加した者もあった。また一部、被差別部落からの参加も確認されており、その中には一揆に参加し、かつ焼打ちを受けた例もある。これらの事実をどう解釈するかは、なお今後の課題として残されている。

官原家文書「御布告写」（『太宰府市史　近現代資料編』三・四頁）に、贖金取立についての記事がある。

贖金昨日取約候通、今日中には皆納致べきに付、明日是非為替方え払入申すべきに付、今日中堅く御取立、大佐野役場え御持出成さるべく、下拙義も暮方同方え入込受取申べく候条、其心得にて取立成さるべく候也。

自牛頸《うしくびより》
竹森禎作
副戸長

十月一日

大さの向さの杉塚え当る

筑前竹槍一揆とその影響　『新修志摩町史』から

怡土郡中津領一揆

明治六年の筑前竹槍一揆に先行して、怡土郡中津領で一揆が起きている。まず『見聞略記』の記事を引いておこう。いずれも明治三年のものである。

一十二月十四日、中津領の百姓申合せ、驚動出来《しゅったい》仕、深江へ押懸可申由相聞へ候間、当国御在宅の諸士前原駅え御出張に相成候得共、程無く相折合候よし

一当年十二月十四日の頃、当国怡土郡の内、中津領の百姓徒党いたし、驚動相起り可申模様相聞へ候間、当国在住の諸士、大炮の相図にて知らせ合候間、追々前原駅辺へ御出張に相成候、右驚動の様子承り候へば、中津領深江に近年遊女町出来仕、村役人又は福者共右の遊女に通い、追々酒色に迷ひ、村役人抔《など》も不計《はからず》金銭を費し、右に付、諸上納銭に増切立いたし候歟にて、百姓等憤り、深江の触口に押懸け可申由風説有之候得共、程無く相折合申候、乍併《しかしながら》、後日に至り御吟味の上、頭立《かしらだち》候者共、少々召捕れ候よし

この年、一二月一四日に怡土郡の内、中津藩領で一揆が起こった。そこで、隣藩のこととて、怡土郡・志摩郡・早良郡などに住んでいる武士たちに非常呼集を知らせる砲声が響き、前原の宿場に駆けつけたという意味

のことが書かれている。触口《ふれぐち》とは大庄屋《おおじょうや》のことである。

筑前国の西端、怡土郡の一部には中津藩領の飛び地があり、これらは明治四年七月一四日の廃藩置県によって中津県管地となり、同年一一月一四日に福岡県に併合された。一揆が起きた時点では、中津から代官が赴任して支配していた。代官所は深江《ふかえ》に、代官の屋敷は武《たけ》にあった（『糸島郡誌』）。

この時、主謀者として「徒三年」の刑に服した満吉《みつよし》村の農和平（三一）の詳しい口供が残されているので、それによって一揆の経緯をたどってみる（「旧中津県刑賞之部」「福岡県史稿」一四、福岡県立図書館蔵）。

農業を仕事としていた和平は、近年の不作続きに借財が重なっていた。その上、一昨年の秋はまれな凶作で、年貢が不足し、本家から米八俵を借りて、ようやく納付できた。去年の夏は粮米《ろうまい》として八俵二斗二升を借り、元利合わせて二五俵にもなった。この内五俵は、持ち山を書き出して返済の形を取ったが、去年の秋は劣作で、残りの返済の当てがつかなくなった。たまたま（中津藩の下僚）川添成右衛門方で、諸借用を年一割の利息で二〇年賦にしてもらえるよう、四、五カ村が申し合わせて中津城下に嘆願したらどうなるでしょうか、と相談したところ、川添は、それはよくない、それほど困っているのなら、まず庄屋に願い出てはどうか、との返答だった。

一〇月二八日、唐原村次六も二五年来の借財に苦しんでいたので、利息一割・二〇年賦ならば返済のめどがつくと賛同し、翌朝、村内の卯三郎宅に難渋の者を呼び寄せ、それぞれの諸借用を書き上げると、合計が二〇〇〇両にも上った。一同からも庄屋まで願い出てほしい、ということになり、和平は長石村・石崎村・片峰村・武村などへ働きかけたが、事はなかなか進まなかった。

この間、和平は事のついでに「一揆を起こしたら百姓らは役人に直ちに殺されるものでしょうか」などと成右衛門に話題を持ちかけ、成右衛門からは「それは役人の不手際になるだけだろう、現に日田郡の一揆でもそういうことは起きていない」との返答を得ている。

一二月六日、再び難渋人の話し合いを持ち、片峰村・石崎村などへも働きかけた。急迫しているので、城下での嘆願しかないと考えた和平は、片峰村の寿一郎を主謀者に担ぎ上げる約束をしたが、いざとなると寿一郎は辞退し、一二日朝、長右衛門（三四）が頭取を引き受けることとなった。和平・寿一郎・長右衛門の三人が画策していることは、深江の役所でも把握していたので、長右衛門は、一揆を思いとどまってもどうせ咎《とが》めは受けるのだから「それなら」と、一晩考えた末に決意を固めたのであった。

当初は一五日に決行の予定を、都合によって早め、一三日夜、有田原村（有田村のこと。口供でも宣告でも有田原村と表現されている）に郡中寄合をすることとなり、長右衛門と和平は、かねて話していた年賦仕組の嘆願をいよいよ決行する旨、ひそかに川添成右衛門に伝えた。成右衛門はこうなったら止めても無駄だろうと答え、役所から役人が出張しても手荒いことはしないだろう、嘆願の箇条をお取り上げになったら引き払うようにと指示した。

川添宅を退くと、長右衛門と和平は宮地嶽神社に参り、帰途、武村の仙右衛門宅に立ち寄って、一三日夜に有田原村に集会するので、武村も必ず出てきてくれ、神在村・松末村には武村から連絡してほしい、もし出てこなければ、帰路見舞い申すべし（危害を加えるという意味）との口上を添えるように、と言い残した。満吉村から東は和平が、片峰村から西は長右衛門が受け持って連絡を回すことにした。一三日日暮れから蓑笠を持参し、弁当は持たずともよし、という連絡が村から村へと回された。

一方、川添成右衛門は自分一人の思慮に余るとして、上司である原田様に相談に深江御役所に出掛けようとしていたところ、和平と出会い、連れ立って役所へ向かった。和平は奥へ通された。借財高三三〇両余りという書付を見せ、このままでは難渋人は堪えられませんと説明した。原田様は理解を示し、年貢は皆済《かいさい》しているし、上納にかかわることでもない、藩に弓を引こうとしているのでもないから、集合して嘆願することは認めよう、自分も出向き、嘆願の箇条については上に取り持つことにするので、その時は荒々しい振舞いをしないで直ちに引き払うように、と命じた。これが一二日のことである。

一三日、和平と長右衛門は日が暮れるのを待ち、間道を通って有田原へと向かった。有田原には火が焚かれ、数カ村が集合していた。追々他の村々も集まってきた。夜が明ける頃、役人も出張し、長右衛門と和平が頭取を名乗って、借財年賦の件その他、嘆願の個条を伝えた。他には誰か、深江に遊女を招くのは止めてほしいなどと申し立てた者もあった。解散しての帰り道、自分ら頭取は召し捕られ、中津城下へ送られることになるだろうから、その場合は助命の嘆願をしてくれ、などと一同に頼んだ。

一八日夜には、長右衛門と和平は前原宿に行き、問屋《といや》を通して福岡藩の役人と会い、一揆の頭取として召し捕られ、死刑になるかもしれないので、その時は福岡藩領に逃げ込むので、なにとぞお助け願いたい、と申し出ている。役人は、そんなこともあるまい、もしそうなったら何とかしよう、と笑いながら返事した。

和平は二七日に召し捕られ、深江の揚屋入《あがりや》りとなり、翌四年正月三日に中津城下へ送られた。口書《くちがき》が取られたのは八月のことである。そして一二月、「徒三年」の刑に処された。

　　　　元中津県管下

　　　　　　筑前国怡土郡満吉村農

徒三年　四年辛未十二月処刑　和平　当未三十一歳

〔宣告〕

右の者、去冬有田原村へ集合の趣、諸事重立《おもだち》取扱候趣、不届至極に候。依之、徒三年申付候。

他に、片峰村農長右衛門も徒三年、中津藩足軽の池田六郎と川添成右衛門は有田原村への集合を黙認したとして、禁錮一年に処された。

『見聞略記』の記事とは異なり、深江まで押しかけるということはなかった。むしろ、有田原村でおとなしく役人の説得を受け、その場で解散するという事前の約束が、役所との間に成り立っていたことが分かる。それを知らない福岡藩領の方が、むしろ過剰に騒ぎ立てたもののようである。

この事件は、民間での借財の返済繰り延べを求めたものであったから、慶応四年三月、太政官が制札によって改めて禁止した徒党・強訴とはいえ（『見聞略記』によると、筑前でも四月下旬に懸けられている）政治的な意味合いは薄かった。竹槍などの武器を携帯するということもなかったのである。

筑前竹槍一揆の発端

「福岡県史稿　職制　七」（福岡県立図書館蔵）に次のような記事が見える。福岡県が明治六年から一〇年に至る四件の暴動（一揆・反乱）にどれだけの費用を支出したのかという一覧である。厘（一円の一〇〇〇分の一）の単位まで書き上げているのを見ると、混乱する中でもきちんと事務処理がおこなわれていたこと、関係書類が整理・保存されていたことが分かる。明治六年の筑前竹槍一揆、七年の佐賀の乱、九年の秋月の乱、一〇年の西南戦争および福岡の変に関する支出を示している。この内、後の三つが士族反乱に分類されるものである。「捕亡」とは現在の警察に相当する仕事を指す。

暴動に関したる事

○明治六年夏、県下党民暴動の為め凶燹《きょうせん》に罹り候窮民救助、及家屋破毀・焼亡の災に罹り候者賑恤、非命の死を遂げたる者遺族救助、功労者賞与、其他、該事に関し消費の金額左の如し。

金三万九千百弐拾七円九拾四銭六厘　　本庁費

金三千八百九拾六円四拾銭五厘　　捕亡費

○明治七年春、佐賀県下暴挙に際し、本県士族を召募、隊伍を編制するに当り、本課に輜重方を置き、会計及び運搬の事に従事せしめ、各隊肥前地方へ進軍するに臨み、課員をして会計を掌り出張せしむ。其消費する金額左の如し。

金拾三万弐千百六拾八円弐拾四銭六厘　本庁及捕亡費

○明治九年冬、管下秋月士族暴動鎮圧として、臨時巡査を召集し、隊伍を編制、各地へ出張するに際し、本課中非常掛を設け、会計の事務を処弁せしむ。該事に関する費額左の如し。

金弐千九百四拾円三拾四銭七厘　本庁費
金壱万弐千三百壱円弐拾八銭壱厘　警察費

○明治十年、隣県及県下騒擾に際し、本課に輜重掛を置き、糧食の運搬、軍夫召集等の事を担負せしむ。且遠く熊本、□岡、鹿児嶋の各地に課員出張して、軍夫進退の事を処弁す。而して該事に関したる費金左の如し。

金六万八千九百九拾円六拾三銭九厘　本庁費
金七万八千三拾壱円四拾三銭九厘　警察費

このように、戊辰の内乱をくぐり抜けても、明治初年の福岡県は他に類を見ないほどの激動の渦中にあった。民衆の生活も大きく影響を受けた。糸島地方も例外ではなかったのである。

明治六年は特別な年である。明治五年一二月は一日・二日の二日間しかなく、一二月三日に当たる日は六年一月一日とされた。月の満ち欠けを基準にする太陰暦（旧暦）から、地球の公転を基準にする太陽暦（新暦）に切り換えられたのである。

また、徴兵令が実施に移されたのも明治六年であった。前年一一月二八日に徴兵告諭が出されていて、施行されたのがこの年一月一〇日のことだった。民衆にとっては息つく暇もない大改革の連続である。武士身分の廃止とうらはらの関係として徴兵制度があった。近代化の当然の帰結なのだが、それまで武器を持たず、戦争とは無縁に生きてきた民衆には、理解を超えた出来事だった。こうして、不安な気分の内に明治六年が明けたのである。

太陽暦の六月は例年なら梅雨の季節で、田植えに忙しいはずだった。ところが、暦を切り換えたばかりのこの年、六月になっても雨が降らない。未曾有の大干魃に、あちこちで神仏への雨乞い祈願がおこなわれた。田植えができなければ、秋になって飢饉になる。それほどでなくとも、不作は平穏な生活を直撃する。民衆の不安を一層かきたてることになった。

筑前（旧福岡藩・秋月藩領）の東端にあたる嘉麻郡（後の嘉穂郡の一部）の高倉村日吉神社（旧庄内町、現飯塚市）でも雨乞いのお籠もりがおこなわれていた。満願の日、村人の雑談の中で、豊前（旧小倉藩領）との境目にある金国山で昼は白旗（紅白とも言う）を振り、夜は火を焚いてのろしを上げている連中のことが噂に上った。山から山へと赤間関（現下関市）の米相場を伝え、筑後からの米の出荷を調整して、一儲けしようとしていたのである。彼らは「目取り」と呼ばれていた。

そういうことをするから山の神の怒りで雨が降らないのだ、止めさせようということになり、若者たちが押しかけることになった。ところが山頂には人影がなく、麓の猪膝宿へと向かった。ここの筆の海という相撲取りが目取りの親方だったからだ。ところが若者たちは捕らえられ、高倉村ではこのままでは命が危ないとして、救出の手配を整えた。上嘉麻地方の二七カ村に次の檄《げき》文が回された。回達の際、「不参の村々は焼毀いたす可き旨」口頭で付け加えられたという。

昨日烽火《のろし》差留の儀に付、猪膝宿へ罷越し候笹栗文吉外拾数名の者、同宿にて存外の乱暴に遭ひ、剰《あまつさ》え捕縛せられ、今比《ごろ》は妄惨の死を遂んも測られず。不容易《よういならざる》変動出来《しゅったい》候趣、急報到著《とうちゃく》候に付、至急応援の為め、拾五歳以上六拾歳以下の人々には不残《のこらず》駈付け、速に尽力可致儀と被存《ぞんぜられ》候条、一刻も早く宮籠場迄御出掛相成度。此段至急及御廻覧候也。

高倉村宮籠場より

五月廿二日【明治六年酉六月十四日】　淵上琢璋

村々役場御中

（「明治癸酉筑前一揆党民竹槍史談」、『部落解放史・ふくおか』第三号）

ここで旧暦五月二二日を新暦六月一四日と注記しているのは間違いで、新暦の六月一六日に当たる。これが引き金となって一揆へと発展する。淵上琢璋はその罪を問われ死刑となった。

村々からは竹槍を持って駆けつけてきた。一五歳から六〇歳までのものは残らず駆けつけよ、というのは強い拘束力を持つ。当時一人前と考えられていたのが一五歳から六〇歳までの男性で、参加することが村への義務であり、不参加は村八分を招くおそれがあったからである。一行は猪膝宿へ押しかけ商家を打ちこわした。

六月一九日、小倉県（豊前国を管轄）が政府に電報を打った。

去る十七日福岡県下土民蜂起、飯塚・木屋瀬《こやのせ》辺人家数ケ所打破り、若松迄押し廻り候趣、当県管下田川郡猪膝（原「イノサキ」を猪膝に訂正）駅へも、同じく十六日夜、凡《およ》そ千人計り押し込み、人家八軒打ち毀《こぼ》ち、翌未明、引き取り候段届出候に付、此の段御届け上げ候。

（『近代部落史資料集成』第二巻）

一揆の勃発は一六日夜のことで、猪膝宿（この場合の駅は宿場の意）での打ちこわしに始まり、翌日には穂波郡飯塚、鞍手郡木屋瀬、遠賀郡若松へと波及している。周囲の村々を巻き込みながら、筑前一五郡全部と福岡

・博多からも参加者を出すほどの（九七頁表8）、一〇万人が参加したともいわれる大一揆へと発展していくのである。

打ちこわしと焼打ち

筑前竹槍一揆は、雨乞いをめぐるいざこざが打ちこわしに発展したことをきっかけにしている。それだけなら当事者だけの問題に収まっていたはずである。嘉麻郡から隣接する田川郡猪膝宿へと向かって商家を打ちこわした一行は、嘉麻郡へと戻り、この地域で繁華な宿場町であった大隈町（現在、嘉麻市）でも打ちこわしをおこなった。ここにも「目取り」の仲間がいたからである。その時、さまざまな不満が噴き出した。徴兵令や太陽暦に代表される、新政府の文明開化政策への不満である。その不満は猪膝宿打ちこわしに参加した人たちに限らない。このことを政府に伝えてもらうために県庁へ向かおうということになった。県庁は当時、福岡城内三ノ丸（現在、福岡市立舞鶴中学校の位置）に置かれていた。

筑前竹槍一揆発生の地（旧高倉村日吉神社前に立つ説明板）

一揆には大きく見ると四つの勢力があった。いずれも数万人単位で、全体では福岡県（現在よりも狭く筑前のみを指す）の人口四十数万人の内、およそ四分の一に当たる一〇万人程度に及んだと考えられている。実際に処罰されたのは六万四〇〇〇人弱だが、さまざまな理由で処罰を免れた人たちもあったのである。

嘉麻郡から糟屋郡に及ぶ東郡勢は、筥崎宮と亀山八幡宮（糟屋郡志免町）に集結していた。石堂川を越えて博多へ、次いで那珂川を越えて福岡へと進入する（六月二一日）。城内の県庁を打ちこわし、官舎に放火したのがこのグループである。御笠郡以南の南郡勢は、板付まで至った所で、旧福岡藩家老の説得を受け、南へと戻ったとされるが、一部は博多・福岡へも入ったようである。糸島地方（怡土郡・志摩郡）から成る西郡勢は、東郡勢が福岡を退却した後、福岡へ入ったので、行き違いとなって東郡勢と合流することはなかった。いったん西新町へ引き上げ、姪浜付近で解散したとされる。もう一つが早良郡一帯で活動したグループである。

一揆の行動について、当時の日記には次のように記されている（「横田徐翁日記」六月二二日）。

昨今ニ打崩シ候家々市中近在ニ而慥ニ聞居候分、比恵村前大庄屋安竹茂（武）平、同伊平、犬飼村庄屋同武平、半道橋《はんみちばし》ノ庄屋、前大庄屋藤井伊八郎、同上野甚六、大庄屋佐伯山平、成竹村ノ庄屋、当村庄屋副田重平、福岡ニ而波奈ノ石徳、西町ノ鰯屋大蔵幷異館作リノ分ハ不レ残、博多ハ中島ノ替《かわ》せ方幷鳥羽屋、万屋、太田屋ハ四軒共、川端ノ紅嘉、米会所、横丁（町）ノ海老屋、柳町（遊郭）ハ異館作ノ分ノ家、其外学校不レ残。猶此外ニモ有レ之由、然共未二聞居一、追而可レ記。那《いかんせん》御国中ニ而何百軒可レ有レ之哉、是又追々ニ可二書記一。

庄屋・大庄屋などの村役人層、富裕な商家、西洋風の建物、小学校などが襲撃対象となっている。さらに、襲撃の際の破壊は徹底的におこなわれているが、これは江戸時代の打ちこわしでもしばしば報告されていることである。

右打崩シ候有様、各竹鎗ヲ以、鋳・白土ニ而有徳《うとく》ニ任せ分外ノ花（華）美ヲ尽シ建飾リ居候ヲ突破リ、斧・掛矢・熊手等ヲ以、当ヲ幸、打折リ叩砕キ、夜着・布団・衣類一品モ不レ残サ持出シ、積重ネ、火ヲ掛焼、或ハ泥水ニ踏込ミ、太田屋ハ油屋故見事成ル小袖ヲ油桶ニ打込抔、目モ難レ当次第也。

村役人の家では帳簿類が持ち出され、火をつけられた。

家々ヲ打破ル勢ヒ寔《まこと》ニ烈火ノ如ク、又精細ニ行届、手塩皿等ニ至迄砕キ捨、夜具・衣類、且区長初郡役・村役ハ帳面ノ有限リヲ焼捨、仕廻《しまい》ニハ水ヲ掛ケ火用心ハ殊ノ外ニ念ヲ入候。

帳面を焼いた時の火の始末は入念におこなったというのが注目される。村人の家が類焼しないようにとの配慮である。不参加の村は焼き払うと脅されたということだが、実際に放火されたのは、県庁の官舎と被差別部落であった（後述）。

ここでは、志摩郡での事例を紹介しておこう（永長道生家文書）。

（上略）

右約定書、曾て水懸り村々え対し差入、即志摩郡荻浦え保存相成たる分、明治六年党民暴動之際、遂に焼棄せし趣を以て、今般更に該証書差入方之義、御請求に応じ差出すと雖も、其際関係調印せし者之内、已に故人となり、悉く捺印する能はず、依て拙者共継続連署候上は、後日に至り決て紛紜無之候。為念、此段保証候也。

明治十九年十一月

（下略）

井堰の水の分配について、かつて福岡藩領と中津藩領の村々で取り決めがあった。その証拠となる文書が荻浦（前原市、現糸島市）に保管されていたが、筑前竹槍一揆の際に焼き捨てられたというのである。このままでは、いつか双方の言い分に食い違いが出ないとも限らない。その不安から、一三年後、再約定が謀られた。し

村名を記した幟。表粕屋郡本合《もつたい》村（糟屋郡須恵町教育委員会提供）。一揆でもこのような幟が掲げられていた

かし、すでに故人となっている人もあって、原本の再現は難しかったことが書かれているのである。

志摩郡の動向

前掲の「明治癸酉筑前一揆党民竹槍史談」から、志摩郡について触れた部分を引用してみる。

> 爰《ここ》に早良・志摩・怡土の三郡勢は、当時西新町の裏手百道《ももち》松原に群集なし、未だ彼の東郡勢が福岡に於て砲撃せられたるを識らざるものから、其勢大約五、六万各々幟を押し樹《た》て竹槍を携へ、鬨《とき》を発して福岡へ乱入せんとするの勢あるにぞ、西新町の士族連は百方奔走し、防禦説諭なしつつありしが……

六月二一日、東郡勢が県庁を襲撃し、鎮圧に動員された士族の反撃を受けて退却した後に、西郡勢が西新町から福岡へ向かおうとしていた。「幟《のぼり》」は村ごとの目印としたもののようである。西郡勢は東郡勢との合流を求め、代表者を先頭に立て、士族の先導で平穏裡に福岡橋口町まで進んだ。西中島橋を渡ると中洲へと至り、さらに東中島橋を渡って博多になる。福岡橋口町で士族隊が行く手を阻み、ついに発砲命令が出た。

> 其砲声は恰も豆を熬《い》るが如く、硝煙朦朧の下をくぐり、壮士は各抜刀して斫て出て逐ひ攘ひたるにぞ。さしも数万西郡勢は忽ち惣崩れとなりて潰散し、東西連絡の中途を断然せり。

東郡勢、西郡勢の連絡・合流はならず、一揆は福岡近傍から姿を消した。福岡橋口町を退いた西郡勢は西新町松原の紅葉八幡宮まで引き上げた。

　怡土・志摩郡勢の内には早良郡勢も混入して、各村の富豪家は大概打破られたり。彼の怡土郡加布里の富豪東屋、即ち末松政右衛門の如きは、実に甚しきの乱暴狼藉に遭しなり。于時《ときに》第十五大区（志摩郡）今宿《いまじゅく》調所は、区長南川正雄・戸長鎌田甚内・浜地新九郎、第十六大区（怡土郡）前原調所は、区長堤小七郎・戸長津田守彦某外某にてあり、それ等は早く各地方在住士族を募り所在の調所を固めしことなれば、幸にして放火は免れしも、各町村の地租台帳と小学校は大概焼却、毀砕せらる。

旧家老二人が説得に向かい、生の松原の東入り口にあたる場所に仮の演説壇が設けられた。演説内容は、願い事があれば総代を立てよ、それ以外は帰村するように、という趣旨であった。群衆には説得を受け入れる気配が見えた。

　時恰も午時に迫りしかば、有志連（士族）は猶も群中に分け入りて、最早昼にもなりしことなれば、銘々所持せし竹槍は此場で焼捨て、静に姪浜宿に入りて午飯を仕舞ひ、心静かに帰村すべしと言ふにぞ。此迄狂暴に猛ひ《ママ》し一群は、忽ち満面に笑味を含み、竹槍を簀《す》の如く積ね、一炬に焼捨つつ、各笑て姪浜宿にぞ入にける。

福岡から博多へ入ろうとしていた西郡勢は、二一日昼、説得に応じて解散した、と書かれている。末松政右衛門家の被害については、次のような記述もある。

就中怡土郡加布里村の富豪末松政右衛門は巨万の財産を有し、地方有名の鉅商なりしが、家屋・家具・珍器・財宝を挙げて一物を余さず毀壊せられ、実に目も当られぬ惨害にてありしなり。

鎌田（龍）家文書に「筑前国暴民一揆略記」（明治三一年八月、鎌田鎮雄誌）がある。後年の回想であるが、鎌田家の被害の様子を見ると、次のように、やはりすさまじい破壊に見舞われている。目撃者にしか分からない事実が含まれているのは貴重な証言である。

我家も旧吏家の末裔にして、其災害を蒙り、即ち六月廿四日、数千人の暴民は何れも竹槍若くは斧・鉞を携へ、前後三回破竹の勢を以て襲来し、居家は前年（明治五年三月）新築に係るもの、悉皆破壊せられたり。今其景況を序述すれば、柱・梁・鴨居・敷居等は大小漏さず、斧・鉞若くは刀劔を以て切傷し（座敷は古家なるを以て、破壊の為め使用を為さず。遂に十六年四月再築せり）、天井・雨戸等は竹槍を以て一枚も余さず、同時に粉砕するの響は雷鳴を轟かすが如し。襖・障子等は数十枚を積重ね、其上に数十人同時に乗揚りて蹈破し、屋根瓦は大槌を以て過半打破き、畳は刀劔を以て切断し、倉庫を打破り、衣類・器具を抛出し、一品も余さず粉砕し、井戸へは衣類・器具及び塩俵を投入し、其上に周囲の井筒を押掛け、書類・書籍は公私の別なく、悉皆門前に於て焼棄し、居家に放火せんとせしも、果さざりし。刀劔・衣服、其他数十品を窃盗せられ、我家の悉皆の損害価格は三千円に下らず。其惨況実に筆紙に尽し難し。明治八年三月、福岡県より救助として金三十円下賜せらる。

一揆の処分

七月に入り、福岡県は一揆参加者の取り調べに着手した。とはいえ、県下全域、参加者一〇万に及ぼうという大一揆である。県庁役人だけでは手が足りない。便宜的に採用されたのが「友吟味」という方法であった。

今般、党民共不容易所業有之、不埒之至に候。就ては賊民・良民之区別判然相立て厳重取調可及問に付、別紙箇条書之通、友吟味申付候条、夫々部を分ち、区・戸長身上を始め、小前（下層の農民）一統公平に友吟味之上、銘々名下に栂印（栂印とは、男は左り、女は右、親指頭に肉を附押す事を云ふ）致候書面不束無之様、区・戸長手前へ差出、一村毎に取纏次第、至急県庁へ可差出候事。

但、此ヶ条外不束いたし候者、此例に比準し、取調可申立候。尚又区・戸長共附加随行（附加随行とは党民と同行徘徊し候者を云ふ）等、其他不束之所業有之内は隣区々長より可差出候事。

明治六年七月一日

水野参事

団　権参事

一、党民発頭之者

一、県庁並官員居宅・布告掲示場、並人家共打崩したるもの

一、官舎並旧穢多村等放火したるもの

一、デンシンキを断切しもの

一、強盗・強姦をなしたもの

一、党民に誘引せられ無《よんどころなく》拠同行したるもの

一、窃盗をなせしもの

一、党民と知りつつ隠し置もの

右条々の者、隠し置き他より顕るるに於ては厳重可申付候事。

（中略）

右之通、各区内不洩様至急可触示もの也。

明治六年七月一日

水野参事

団　権参事

（「明治癸酉筑前一揆党民竹槍史談」）

村ごとに各人の行動を報告させ、他人の行為についての見聞も報告させる。それらを突き合わせて罪の軽重を定めるのである。三五頁表4・5は処分内容を表しているが、死刑四人以下、全体では六万四〇〇〇人弱が罪に問われた。

取り調べの結果として作成された「待罪書」の一例を、桜井村について見ておこう（「福岡騒擾一件」三九）。前書はどの村もほぼ同文で、おそらくひな形にもとづいて作成されているのであろう。「附和随行」について各人が申告した形を取っている（一五七頁表13は、志摩町域からの参加者の年齢別構成を見たもの）。

待罪書

自分共儀、当六月、徒党之者押来、随行不致村々は放火乱暴可致旨、声々相喚候に付、趣意柄は不相弁候得共、其場逃れ難く存じ、不得止附和随行仕候事。

右之通、相違不申上候。以上。

明治六年七月三十日

筑前国志摩郡桜井村

（以下、連名略）

桜井村では二〇二人が最も軽い附和随行に該当した。県がこの申し立てを承認すると、刑の申し渡しがおこなわれる。今度は鎌田（龍）家文書に写し取られた御床《みとこ》村の例である。

第十五大区十五小区
御床村
□□次助
外二百十八人、内十五以下壱人

其方共儀、党民に誘はれ、所々随行致す科、賊盗律凶徒聚衆条例、附和随行して勢を助くる者を以て論じ、笞三十之贖罪金弐円二拾五銭宛申付る。
但、十五已下の者は収贖《しゅうとくきん》金七十五銭づつ申付。
明治六年九月二十日　　福岡県

附和随行は笞三〇に相当するが、二円二五銭を納めれば実刑が免除される。一五歳以下については、その三分の一の額とされた。贖罪と収贖は法の上で区別されていて、前者は平民に、後者は老人または小児などに適用された（実刑を前提にしないのが収贖である）。

賊盗律は本来、中国に学んで古代日本に導入された律令制度に定めるものである。王政復古のスローガンのもと、明治初年の一時期、古代の刑法「律」が復活していた。明治三年一二月に施行された新律綱領がそれで、同六年六月に改定律例を追加し、一五年一月に近代的な刑法が施行されるまで効力を持った。

新律綱領では、附和随行は「論ずる事勿れ」とされていたが、改定律例（七月一〇日施行）では「其止だ場に在て、勢を助くる者は、勿論（＝論ずる事勿れ）の律を改め、違令（法律違反）に問ひ、軽重を分ち、贖罪する事を聴す」となった。それまで附和随行には該当する刑がなかったものが、実刑に処することに変わったものの、軽微な場合は贖罪金で実刑を免除された。

しかし、六月に起こった事実に、七月に施行された法が適用されたことになり、「法は遡及せず」という近代法では当然とされる原則が破られる結果となっている。筑前竹槍一揆の処分に当たって、近代刑法導入以前の、新律綱領・改定律例が適用されていることに注意しておきたい。

他に杖七〇に問われた例を挙げておくと（「福岡騒擾一件」五）、九月一六日、志摩郡から五九一人が呼び出され、次の申し渡しを受けた。志摩町域では桜井村五〇人、馬場村四人、津和崎村三人、師吉《もろよし》村七人、御床《みとこ》村九人、貝塚村八人、小金丸村一人、辺田《へた》村七人、船越村七人、久家《くが》村八人、新町村一二人、岐志《きし》村一〇人、岐志浦一一人、芥屋《けや》村四人、野北《のぎた》村九人、吉田村一四人、稲富（留）村二六人、井田原《いだわら》村一六人、松隈村四人、初村二人、計二一二人がその中に含まれる（姫島村はなし）。

　其方共儀、党民に随行致し、家屋器財を打毀つ科、賊盗律凶徒聚衆条例に依り、不応為の重きに擬し、杖
　七十づつ申付る。
　　明治六年九月十六日　　福岡県

また桜井村の一人。

　其方儀、徒党の者に誘はれ附和随行中、新町に於て多勢倶々、名前不知宅を打破る節、白金巾の切れ外壱
　品盗取る科、右二罪の中、賊盗律附和随行、牆屋《しょうおく》を毀つ者を以て論じ、杖七十申付。

さらに新町村の一人。

其方儀、党民に随行致し、居村副戸長宅を多人数打毀つ節、毀て毀てと申呼り、勢を助けたる科、雑犯律違令の重きに問ひ、事情憫諒《びんりょう》すべきを以て贖罪金三円申付る。

杖七〇で贖罪金三円を認められたのは二人、一五歳以下の収贖金一円七五銭が二人であった。

このように個別の事情を考慮された人たちを含め、杖七〇に問われたのは、志摩郡全体では六〇一人（「福岡騒擾一件」五が六〇二人とするのは間違い）であった。

一揆の歴史的評価

明治六年の福岡県の達し（「明治癸酉筑前一揆党民竹槍史談」の引用による）では、筑前竹槍一揆は「凶徒乱暴」、「賊徒暴動」、「下民暴動」、「土民暴挙」などと表現されている。これらはいずれも徒党を組んで、秩序を乱すものという範疇で把握されているに過ぎない。後年の表記では「竹槍騒動」というのもある。こちらは善悪の価値観を含まない、比較的ニュートラルな表現である。

筑前竹槍一揆というのは戦後の歴史研究の中で使われた言葉で、研究者の中には「福岡県竹槍一揆」と呼ぶ人もある。当時は福岡県と筑前は領域として一致していたが、現在では福岡県は筑前・筑後の全部と豊前の一部を含んでいる。福岡県竹槍一揆は間違いではないが、誤解を生む表現だと言えよう。今日では筑前竹槍一揆という表現がほぼ定着している。

博多で、一揆が県庁に向かう模様を目撃した人物が日記に次のように書き記している。

……昨日昼飯後、一揆ノ者共県庁江押寄せ候由ニ付、徐（徐翁の略、自分を指す）・横左（友人の横田左内）同道ニ而春吉寺町迄見物ニ行候処、博多・春吉ゟ押行候人数凡二万余モ可レ有レ之哉、立連ネタル竹鎗ハ秋野ノ薄ニ不レ異、鯨波《げいは》ハ山岳モ崩ル、計リ、惣人高四万計《ばかり》モ可レ有レ之哉ノ咄也。

（「横田徐翁日記」六月二二日）

一揆勢の多くが竹槍を持参していたことは疑いない事実で、それ故、竹槍史談、竹槍騒動、竹槍一揆などの表現が選ばれることにもなった。当時の竹槍で現在まで残されているものもいくつか確認されている。

一揆の要求については、参加者から聴き取って記録されたものがいくつかあるが、一揆自体が作成した要求書は確認されていない。

鎌田鎮雄誌「筑前国暴民一揆略記」（明治三一年八月）では「其目的は五ヶ条」として次のように書き上げている。

一、官庁及旧吏家の帳簿を焼棄し、所有地を平等にし、及拗《ならし》免にする事
二、学校・徴兵・地券御取止の事
三、切手（藩札を云ふ）是迄通、通用の事
四、知事様（黒田長知公）御帰国の事
五、穢多此迄通の事

にして、是の目的を為すには死も亦た辞せざるの勢を示せり。

これは後年の記録だが、同時代の記録でも大同小異で、内容的には信頼できる。元になる記事があったもの

のようである。

この中で注目すべきは第一条で、他の資料には見えない内容を含む。土地所有の平等と、年貢率の平均化を求めていて、農民、殊に生活に困窮する下層の農民の切実な思いが反映していると見ることもできる。

この一揆が、江戸時代に一般的に見られるように、百姓一揆であるかどうかがまず問題になる。九七頁表8では福岡・博多からの参加者があるが、彼らは江戸時代には町人身分に属した人たちである。村からの参加者を見ると、農民が多数を占めているのは当然として、漁民や商業、雑業の従事者も参加している。ごく一部だが士族の参加も認められる（大多数の士族は鎮圧に動員された）。農民の要求に基礎を置く「百姓一揆」という狭い範疇には収まりきれないのである。

歴史的には、この一揆を「新政反対一揆」と見るか、「解放令反対一揆」と見るかで、学説上の対立がある。「筑前国暴民一揆略記」には「新政を喜ばざる農民」が蜂起したという記述がある。一揆が、新政府の進める文明開化政策（強行的に近代化、西洋化を推し進める――それが新政と呼ばれる）への不満を持っていたことは明らかである。ただ、学説上の「新政反対一揆」説、「解放令反対一揆」説には、次のような特徴がある。

「新政反対一揆」論者は、一揆が「新政」に反対したことは認めるが、それは新政府の意図を超えて一層の近代化を促進させようという、進歩的な意味を持つ反対だとされる。

右の「目的」の中で第二条から第五条は、いずれもそうした意味での反対ではないことが明らかである。第二条は学制、徴兵制度、地租改正に反対するもの。第三条は藩札の廃止に反対するもの。第四条は廃藩置県に反対し、黒田家の支配の復活を願うもの。第五条は身分制度の廃止に反対するもので、いずれも近代化に対する反動的な姿勢を示している。

第一条は、これらとは異質で、ある種の理想が込められているが、少なくとも年貢を負担することは前提になっていて、地租改正への反対と連動する内容とも言える。このように考えると、「新政反対」は近代化への後ろ向きの反対であったことになり、従来の「新政反対一揆」というとらえ方には疑問を表せざるを得ない。

これに対し、西日本各地で相次いだ、身分制度の廃止に逆行する民衆の動き（一揆まで至らないものを含めて、「部落解放反対騒擾」などと呼ばれることもある）にその時代の特色を見、筑前竹槍一揆など解放令反対の要求を含み、被差別部落の焼き打ちを含む一揆を「解放令反対一揆」と把握する見方がある。

すでに見たとおり、福岡県は一揆後の重点的な取調箇条として、「官舎並旧穢多村等放火したるもの」を挙げていた。一揆の中で被差別部落の放火が相次いでいたのである。筑前竹槍一揆で、なぜ部落焼き打ちが起こったのか。「横田徐翁日記」六月二〇日には、一揆の目撃者の証言が書きとめられている。日記の筆者は、夕方、一揆に放火された村の様子を見に行った。この地域には大規模な被差別部落が三カ村あったが、その内の一つは放火されなかった。それはその村に火をつけると、隣村まで火が移るおそれがあり、思いとどまったものとされる。当日の風向きの関係で焼かれずに済んだのであった。


右ハ惣而ノ穢多共平人ト為リ候ゟ以ノ外誇轎（驕）リ、従前ノ人ノ上ニ可レ立抔ノ心得致シ、重々以不勘弁ニ有レ之、故ニ皆人深ク相悪《にく》ミ居リ候。夫故《それゆえ》此節穢多村ハ悉皆《しっかい》焼尽シ候含成ル由、専ノ説也。


ここには、明治四年の解放令施行により、江戸時代の被差別身分が廃止され、平民に繰り込まれ、区別なく対等に扱われることになったが、民衆はそれを受け入れず、反発を示していたこと、それどころか、旧穢多身分の人びとが対等な付き合いを要求すると、それを思い上がっているとして憎しみを募らせたことが指摘されている。政府の政策（「解放令」はその一つ）への反対から、政策を実地に実行して、差別的な扱いを拒否している、眼前の被差別部落の人びとへと矛先が移っていく構造が見てとれるのである。

未曾有の大規模な一揆だっただけに、まだまだ全体像をとらえるには至っていない。未報告の資料も多く眠

料金受取人払郵便

福岡支店
承認

103

差出有効期間
2013年3月20日まで

●切手不要

郵便はがき

810-8790

172

福岡市中央区

舞鶴1丁目6番13号 405

図書出版 花乱社 行

通信欄

❖ 読者カード ❖

小社出版物をお買い上げいただき有難うございました。このカードを小社への通信や小社出版物のご注文（送料サービス）にご利用ください。ご記入いただいた個人情報は，ご注文書籍の発送，お支払いの確認などのご連絡及び小社の新刊案内をお送りするために利用し，その目的以外での利用はいたしません。

新刊案内を［希望する／希望しない］

ご住所　〒　　—　　☎　（　　）

お名前

（　　歳）

本書を何でお知りになりましたか

お買い上げの書店名	筑前竹槍一揆研究ノート

■ご意見・ご感想をお願いします。著者宛のメッセージもどうぞ。

表13　筑前竹槍一揆年齢別参加状況（ただし，志摩町域の「附和随行」のみを集計）

（単位：人）

村名＼年齢	14歳以下	15～20	21～25	26～30	31～35	36～40	41～45	46～50	51～55	56～60	61歳以上	不明	合計	戸数
桜井村		22	33	35	31	27	31	14	9				202	325
馬場村	1	3	7	6	5	6	4		1			1	34	46
津和崎村		3	1	3		1	2	2					12	24
師吉村		5	4	8	4	4	7	4	1				37	73
初村		1	2	4	2	1		2					12	17
松隈村		2	5	1	3	2	5	2	1				21	32
井田原村		6	3	7	2	10	10	6	3				47	63
稲留村		6	5	5	5	2		5					28	56
野北村		32	48	37	31	27	34	34	16	7	1	2	269	310
吉田村		2	6	11	8	7	8	2					44	79
御床村	1	10	11	15	5	7	14	3					66	84
貝塚村		5	8	10	8	1	5	2	2				41	69
小金丸村		10	23	21	13	13	11	10	2			1	104	154
久家村		12	17	13	10	12	5	4		2			75	166
辺田村		9	12	13	9	7	3	9	4				66	92
船越村		13	9	7	10	7	6	4					56	105
岐志村		8	3	5	2	6	3	3	1				31	159
岐志浦		9	12	15	19	10	5	6	3				79	
新町村		6	10	7	7	8	4	3	4	2			51	85
芥屋村		20	18	24	26	23	23	10	2			1	147	221
姫島村		4	4	4	7	3	6	3	3				34	52
合計	2	188	241	251	207	184	186	128	52	11	1	5	1,456	

（注）『福岡騒擾一件』第39巻より
戸数は『福岡県史 近代史料編 福岡県地理全誌（六）』（明治7年当時）より比較のために追記。

っている。今後の研究としては、方法論的には、筑前竹槍一揆の勃発から終結までだけでなく、明治四年の解放令施行から同六年の筑前竹槍一揆へと至る過程を見通した方向性が望ましいと言えよう。

焼失した被差別部落は上杉聰によると、早良郡で八カ所、怡土郡で四カ所（他に一カ所が倒壊）、志摩郡で三カ所、那珂郡で四カ所、夜須郡で二カ所に及び、石瀧によると全体で一五〇〇軒以上に及んだのである（上杉・石瀧『筑前竹槍一揆論』）。その中には寺院や小学校も含まれていた。一揆終結後、これらの村では再建に着手し、県も救助の手を差し伸べた。明治一四年には一揆の被災地域を含め、差別からの脱却をめざして福岡県・大分県・熊本県の被差別部落の有力者が手を結び、復権同盟が組織された。

民衆が新政に反対し、殊に被差別部落の焼き打ちに及んだ背景には、政府が文明開化政策についての啓蒙を怠っていたこと、あまりにも急激な変化が矢継ぎ早に相次いだことが挙げられる。民衆にとって、これまで安住できた生活空間が破壊される恐怖感につながったのであった。

＊糸島郡志摩町は前原市・二丈町と合併して、二〇一〇年一月一日より糸島市となった。

石瀧豊美（いしたき・とよみ）
1949年，福岡市に生まれる。大学は物理学科で，独学で歴史研究の道に入る。イシタキ人権学研究所所長，福岡地方史研究会会長，福岡県地方史研究連絡協議会（福史連）副会長。明治維新史学会，教育史学会，軍事史学会に所属。
【主要著書】
『玄洋社発掘――もうひとつの自由民権』1981年
『増補版 玄洋社発掘――もうひとつの自由民権』1997年
（以上西日本新聞社，絶版）
『解死人の風景――差別があたりまえだったころ』2003年（絶版）
『鳥の目と虫の目で見る部落史――部落史再入門 上巻』2003年
『身分が見える，身分がわかる――部落史再入門 下巻』2003年
『部落史は思ったよりおいしい――石瀧豊美講演録』2004年
『筑前竹槍一揆の研究』2004年（絶版）
『身分としての百姓，職業としての百姓』2007年
『近代福岡の歴史と人物――異・偉人伝』2009年
（以上イシタキ人権学研究所）
『玄洋社・封印された実像』2010年，海鳥社
＊
イシタキ人権学研究所　http://www5e.biglobe.ne.jp/~isitaki/
イシタキ・ファイル（ブログ）　http://monokatari.jp/isitaki/
イッシー閑読閑語（ブログ）　http://isitaki-j.at.webry.info/

筑前竹槍一揆《ちくぜんたけやりいつき》研究《けんきゅう》ノート
❖
2012年5月20日　第1刷発行
❖
著　者　石瀧豊美
発行者　別府大悟
発行所　合同会社花乱社
〒810-0073 福岡市中央区舞鶴 1-6-13-405
電話 092(781)7550　FAX 092(781)7555
http://www.karansha.com
印刷・製本　有限会社九州コンピュータ印刷
ISBN978-4-905327-17-2